A Arte do Benzimento

Orações ✣ *Rezas* ✣ *Benzeduras*

Javert de Menezes

A Arte do Benzimento

Orações ✕ Rezas ✕ Benzeduras

ALFABETO

Publicado em 2017 pela Editora Alfabeto

Direção Editorial: Edmilson Duran
Produção Editorial: Lindsay Viola
Capa e Diagramação: Décio Lopes
Revisão de Textos: Luciana Papale

DADOS INTERNACIONAIS DE CATALOGAÇÃO NA PUBLICAÇÃO (CIP)
Angélica Ilacqua CRB-8/7057

Menezes, Javert

Arte do benzimento: orações, rezas e benzeduras | Javert Menezes – 7ª edição São Paulo: Alfabeto, 2023.

192 p.
ISBN: 978-85-98307-50-3

1. Orações 2. Superstição 3. Curandeiros 4. Medicina mágica e mística 5. Ocultismo I. Título

19-1159   CDD 398.353

Índices para catálogo sistemático:
1. Benzimento

Todos os direitos reservados, proibida a reprodução total ou parcial por qualquer meio, inclusive internet, sem a expressa autorização por escrito da Editora.

Contato com o autor:
javertdemenezes@ig.com.br | javertdemenezed@gmail.com
Tel: (11) 9 9159-7783

EDITORA ALFABETO
Rua Protocolo, 394 | CEP 04254-030
São Paulo/SP | e-mail: editorial@editoraalfabeto.com.br
Tel: (11) 2351-4720
www.editoraalfabeto.com.br

Dedicatória

Dedico este livro a todos que desejam ampliar seus conhecimentos enriquecendo mais seus espíritos e evoluindo para o bem da humanidade.

Você é um transmissor e um receptor vibrátil; quanto mais pensa, mais forte seus pensamentos se tornam.

Que Ananda, Hannah e a neta Marina possam também transmitir a seus filhos, netos e bisnetos os conhecimentos de suas origens.

Gratidão.

Em verdade vos digo que aquele que crê em mim também fará as obras que faço, e fará muito maiores do que estas.

Palavras podem criar ou destruir.

Agradecimento

Agradeço a Deus por me encontrar neste estágio da vida, consciente de que este Planeta não é uma colônia de férias, mas sim de muito trabalho e evolução. Feliz daquele que estiver desperto e aberto ao crescimento espiritual e que possa ajudar outros irmãos a despertar nesta colônia.

Sumário

Prefácio 9
Introdução 11
1. No Princípio Era o Verbo 15
2. Energia 17
    Hoje a ciência explica que... 19
3. Os Átomos e as Moléculas 21
    A molécula da água 21
    Pesquisa de Masaru Emoto: como o poder do homem age sobre a molécula da água 22
    Garjajev – o som pode alterar o DNA 25
4. Provas de Energia Utilizando a Foto Kirlian 31
5. O Equilíbrio Consciente 35
    Energia negativa, baixo-astral ou aura pesada 35
    Como proteger a sua energia e limpar a energia negativa 36
    Qual dessas técnicas devo usar? 38
    O que é aura carregada? 38
    As cargas negativas nos atingem de várias formas 39
    Imposição das mãos 41
6. Os Chacras e suas Cores 45
    Tudo é energia 45
    Os 7 chacras principais 46
    Os 7 chacras e a fitoenergética 52
7. Você é a Imagem de Deus 53
8. Rezas e Orações 55

9. Orações às Almas, aos Anjos e aos Santos 79
   Oração às Almas 80
   Anjos e Arcanjos 81
   Santas e Santos 84

10. Praticando o Benzimento 103
    Benzimento a distância 104
    Benzimentos com algum objeto ou elemento 104
    Benzimentos com ervas 106
    Benzimentos para crianças 108
    Benzimentos para mau-olhado, quebranto e olho gordo 111
    Benzimentos contra malefícios 118
    Benzimentos para afastar maus diabólicos 123
    Benzimentos para o lar 127
    Benzimentos para todo tipo de dor 128
    Benzimentos para doenças da pele 133
    Benzeduras para outras doenças 139
    Benzimentos para animais 144
    Benzimentos relativos ao ar 145

11. A Arte das Benzedeiras 147
    A Arte do Benzimento 147
    Benzeduras para cura 148
    Benzeduras para Inveja, mau-olhado e olho gordo 158

12. As Cores das Velas e seus Benefícios 167

13. Ervas e Plantas Medicinais: Formas de Preparo 169
    1. Cuidados na manipulação de fórmulas 169
    2. Cuidados no preparo das ervas frescas 170
    3. Cuidados no preparo das ervas secas 170
    Referências de medidas 170
    Unidades domésticas de peso 171
    Equivalências 171
    Ervas e seu uso na prática do benzimento 173

Conclusão 191
Bibliografia 192

Prefácio

Quando Javert de Menezes, ou simplesmente o Javert, me escolheu para prefaciar seu livro, eu não entendi bem o motivo dessa escolha, mas recebi com alegria o honroso convite desse inesquecível colega de trabalho e amigo leal.

Misto de pesquisador e psicólogo, Javert consegue transmitir nas páginas de seu livro o entusiasmo e a genialidade que se faz necessário em ambas as áreas em que atua. O leitor dotado de observação sutil não deixará de perceber sua capacidade de pesquisador e retratista da cultura milenar à qual ele dedicou anos de sua vida, e que aqui se concentra em um acervo de rezas e benzimentos de uma época em que médicos eram escassos e os remédios, inacessíveis.

Uma das definições da palavra benzer vem de "fazer a cura por meio de símbolos que iniciam a reza". Na cultura popular, corpo e espírito não se separam, tampouco se desligam o homem do cosmos ou a vida da religião. Acreditando ou não no poder das rezas, há sempre aqueles que procuram nelas e nos benzimentos uma cura para sua doença ou alívio para sua dor.

Este livro oferece, de maneira clara, objetiva e de fácil compreensão, um acervo da viagem percorrida por Javert, retratando aos buscadores, com uma linguagem simples e enriquecedora, as práticas milenares de rezas e benzimentos longamente cultuados e preservados em nossa cultura e em outros países.

O leitor terá a oportunidade de embarcar na jornada percorrida pelo autor tanto como pesquisador quanto como estudioso, complementado por sua experiência pessoal de 40 anos de entrevistas e visitas a lugares sem a menor possibilidade de utilização da ciência por meio da intervenção humana.

Javert, como pesquisador e estudioso, buscou, por meio da ciência, provas de que a Arte do benzimento não possui nada de mágico ou sobrenatural. Por intermédio de sua pesquisa científica, como a realizada por Masaru Emoto, provou que o som e as palavras têm ação sobre as moléculas da água, e nosso corpo se compõe basicamente de água, que é um veículo sujeito a influências de energias positivas ou negativas, podendo gerar os cristais benéficos ou maléficos ao organismo humano. Também somos influenciados pelas palavras e pelos pensamentos positivos em nossa saúde, comprovando que palavras negativas e pensamentos ruins nos causam doenças.

Quando tudo isso para os leigos e antigos era considerado como feitiço, bruxaria e mau-olhado, Javert, para ratificar sua pesquisa, buscou ainda o trabalho dos cientistas russos liderados pelo biólogo e biofísico Pjotr Garjajev, que explica fenômenos como a intuição, a clarividência, atos espontâneos de cura, autocura, técnicas de afirmação, auras em torno das pessoas, e de como a influência da mente pode influenciar o DNA, podendo reprogramá-lo com palavras e frequências sem remover e substituir um único gene, tendo, assim, muito material para os leitores descobrirem durante a leitura de A Arte do Benzimento.

Hoje sei o motivo de ter sido escolhida para escrever este prefácio, pois muito do que vivi como meu querido e inesquecível Pai José, mas que ele não teve tempo terreno de me explicar, encontrei neste livro; agora eu tenho as respostas. Javert veio demonstrar e esclarecer muitas das minhas dúvidas.

Boa leitura. Gratidão por essa participação.

Marlene Coppolla – Psicóloga

Introdução

Este trabalho visa mostrar, a todos os interessados na Arte do benzimento, que o ato de impor as mãos, com ou sem objetos de apoio, rezando orações antigas, não deve mais ser visto como misticismo ou crendice popular.

Hoje a ciência consegue provar e nos mostrar que o benzimento é uma forma de manipular as energias dos átomos, das moléculas, das organelas, das células, dos tecidos, dos órgãos, e de todo sistema que forma o nosso corpo, que é composto de 80% de água.

O pesquisador Masaru Emoto prova que, quando falamos palavras de amor para outra pessoa, estamos realizando mudanças vibratórias e transformando as moléculas de água que fazem parte do sistema corporal desse indivíduo. Estamos, na verdade, provocando alterações salutares em todo o organismo desse ser humano.

Quando pronunciamos palavras de ódio ou raiva para qualquer ser vivo, de qualquer reino da natureza (vegetal, mineral, animal ou Elemental), estamos vibrando sobre as moléculas de água que fazem parte da nossa estrutura molecular. O som emite frequência com cores que fazem as moléculas vibrarem. O conteúdo das palavras com efeitos negativos provoca distorções graves nas moléculas, gerando efeitos destrutivos sobre o sistema corpóreo. O corpo, portanto, recebe a vibração dessas palavras, que são vistas como amaldiçoadas, como olho maldito ou olho gordo.

O biólogo e biofísico Dr. Pjotr Garjajev e seus amigos exploraram o comportamento vibracional do DNA. O ácido desoxirribonucleico responde bem a essas interferências, pois ele se altera diante de certas frequências, assumindo novos padrões. A reprogramação do DNA por meio da mente e das palavras foi um dos estudos feitos por Garjajev e sua equipe.

Novamente a ciência vem mostrar que as palavras são formadas por sons, vibrações, frequência e cores. Quando está em harmonia, esse conjunto provoca reações benéficas; já quando está desarmônico, suas consequências são desastrosas e muito danosas às estruturas moleculares, atômicas e ao DNA, afetando o indivíduo fisicamente e atrapalhando o seu viver.

Na presente obra, vamos juntar Arte e Ciência e trazer para o leitor uma série de informações que ajudarão aos buscadores a resgatar a prática do benzimento.

Os ensinamentos dos antigos, na maioria das vezes, e em quase sua totalidade, era transmitido sempre de forma oral. Ao contrário dos curandeiros, charlatães e outros aproveitadores, o benzedor ou a benzedeira, em geral, eram pessoas simples e crédulas, que praticavam as benzeduras somente pela caridade e pelo desejo de ajudar ao próximo. Como pagamento, eles aceitavam pequenas ofertas em sinal de gratidão, mas nunca exigiam nada. Esse comportamento deve se manter, dando ao próximo aquilo que lhe vem gratuitamente, a energia que Deus nos deu e que, para alguns, se torna mais fácil de transmiti-la.

Esses seres iluminados também não aceitam prestar qualquer mal a outra pessoa. Benzer é livrar do mal, não causar o mal. "Curandeiros", como diziam os antigos, não devem ser confundidos com "feiticeiros".

Benzer não é uma prática qualquer, exige muita fé. Quem benze acredita piamente na eficácia dos seus métodos, e quem procura conforto nessa prática deve ir com a mesma fé. A energia ali concentrada é o que faz chegar ao resultado.

Vamos ver como tudo isso pode nos ajudar a viver em equilíbrio durante nossa passagem por este plano físico sem nos causar mal nenhum.

Tudo o que pude observar e comparar em minhas pesquisas, pretendo dividir agora com aqueles que estão em tempo de acrescentar e incorporar novos conhecimentos, deixando de lado o misticismo primitivo, passando ao estudo e refletindo com o olhar e o pensar da ciência para esclarecer o significado da Arte do benzimento. Aos buscadores de novas técnicas para ajudar as pessoas e tudo o que habita e coabita este planeta água, do qual fazemos parte vibrando com os princípios do Criador, deixo aqui informações valiosas no intuito de valorizar mais nossa cultura que, por muitos e muitos anos, vem perdendo operadores dessa Arte, por não terem a quem repassar seus conhecimentos de benzedores.

Seus filhos, seus netos e seus bisnetos passaram a ver essa prática com vergonha e, principalmente, com medo da obrigação de terem o dever de dar continuidade a esses ensinamentos que tiveram origem em nosso país. No entanto, se deixam levar por práticas de diversas outras nações que possuem preceitos e obrigações por serem populares na divulgação e estarem na moda, e por isso chamam mais a atenção.

Estão esquecendo, porém, de que os nossos benzimentos datam, comprovadamente, de mais de quinhentos anos. Muitas pessoas ainda procuram essa prática com vergonha, escondidas, e menosprezam seus operadores. Mas ostentam diplomas de outras culturas, e até mesmo caríssimos mestrados, somente pelo status de possuir tais títulos, valorizando outros costumes e deixando a nossa Arte do benzimento agonizando.

Nosso intuito agora é tirar esta Arte da UTI, e mostrar a todos o quanto ela está viva e que assim permanecerá por muito tempo. Enquanto existir um ser que se lembre de que Cristo disse "Em verdade vos digo que aquele que crê em mim também fará as obras que eu faço, e as fará maiores do que eu as realizei", essa Arte não morrerá.

CAPÍTULO 1

No Princípio Era o Verbo...

Quando procuramos na Bíblia a explicação sobre a palavra de poder de Deus encontramos no Evangelho de João 1:10-14, como o Verbo se manifestou em tudo: "O poder do Verbo (palavra) tem o poder do Criador e se manifestou em tudo."

1. *No princípio era o verbo, e o verbo estava com Deus, e o verbo era Deus.*
2. O verbo estava no princípio com Deus.
3. Todas as coisas foram feitas por ele, e sem a palavra nada do que foi feito se fez.
4. Na palavra estava a vida, e a vida era a luz dos homens.
5. E a luz resplandece nas trevas, e as trevas não a compreenderam.
6. Houve um homem enviado de Deus cujo nome era João.
7. Este veio para testemunho, para que testificasse da luz, para que todos cressem por ele.
8. Não era ele a luz; mas para que testificasse da luz.
9. Ali estava a luz verdadeira, que alumia a todo o homem que vem ao mundo.
10. Estava no mundo, e o mundo foi feito pela palavra, e o mundo não a conheceu.
11. Veio para o que era seu, e os seus não o receberam.
12. Mas a todos quantos o receberam, deu-lhes o poder de serem feitos filhos de Deus; aos que creem no seu nome.
13. Os quais não nasceram do sangue, nem da vontade da carne, nem da vontade do varão, mais de Deus.
14. E o verbo se fez carne, e habitou entre nós, e vimos a sua glória, como a glória do unigênito do Pai, cheio de graça e de verdade.

Em Atos 17:24, temos: "O Deus que fez o mundo e tudo que nele há, sendo Senhor do Céu e da Terra, não habita em templos feitos por mãos de homens." Aqui temos uma verdade de Deus: ele habita em tudo o que criou então habita dentro de cada ser criado por Ele, Ele está dentro de cada um de nós.

Aos Hebreus 1:10: "... e tu, senhor, no princípio fundaste a Terra, e os céus são obra de tuas mãos." Novamente observamos que Deus no princípio realizou tudo na Terra e no Céu pela sua ação e expressão da verbalização de seus poderes.

Deus nos deixou o poder do verbo para que criássemos e preservássemos tudo o que Ele realizou com muita perfeição. Mas tudo que Deus nos deixou foi escondido dos homens comuns por classes dominadoras, que sempre ocultaram a verdade para oprimir e dominar os menos esclarecidos, para subjugá-los e dominá-los, de forma que não soubessem que são filhos de Deus Pai. A imagem do Todo-Poderoso passou a ser a figura tenebrosa, e os textos de revelações das palavras de Deus foram modificados pela religião para dominar o homem de pouco saber.

A função das religiões deveria ser como é o verdadeiro significado da palavra religião, "religar o homem à sua origem divina", mas isso não acontece, e nunca aconteceu. O homem não está se religando, está cada vez mais distante de seu Deus, por culpa dele mesmo, que se permite ser dominado pelos seus próprios desejos, de ter domínio de tudo e de não compreender que faz parte do criador que não o domina, mas lhe permite gozar de tudo o que existe sem ser possuidor. Deus não necessita possuir, por que Ele é tudo. E se Ele está em tudo, permite-se ser Tudo.

Essa fonte de criação pode ser interpretada como sendo a capacidade que tem um corpo (Deus) de realizar algum trabalho. A isso podemos chamar também de Fonte de Energia Primária do Todo.

CAPÍTULO 2

Energia

Tudo o que existe no Universo é alguma forma de energia, que está presente nas estrelas, no espaço e em todos os planetas. Aqui em nosso Planeta, a Terra, essa energia também se faz presente em tudo o que Deus criou e nomeou, deixando outras energias para que os homens as identificassem e nomeassem de acordo com suas interpretações e descobertas próprias e as utilizassem para os seus devidos fins.

O Sol é uma estrela que nos fornece fonte de energia em forma de luz e calor, fazendo com que parte dessa energia vá para os alimentos. Quando os seres vivos se alimentam, recebem uma parcela dessa energia para alimentar os seus corpos, e a luz solar ativa a síntese de algumas vitaminas mais importantes para o organismo.

Hoje a ciência vem se preocupando cada dia mais em estudar e dominar as energias que fazem parte do nosso mundo. Muitas dessas energias o homem manipula com facilidade e destreza para o seu próprio benefício no seu cotidiano, mas a energia mental é a que mais chama atenção do ser humano.

A força do pensamento possui tanta energia, que aguça a curiosidade do homem. Estudos provam que usamos somente 10% de todo o nosso poder de capacidade mental, mas sabemos que esse poder mental quando usado pelo desejo de certos interesses inferiores acontecem com muita facilidade. É como se as energias baixas nos influenciassem a buscá-las com enorme poder de realização rapidamente. Porém, quando desejamos coisas benéficas, tudo parece ser muito mais difícil de realizar.

Será que a parte ociosa do nosso poder mental não nos deixa acessar o restante para não termos mais consciência de quem somos? Deixando sempre a ideia de que a energia negativa do pensamento quer nos mostrar que seu caminho é muito mais rápido e fácil de ser conquistado por essa via?

Essa dualidade entre o positivo e o negativo provoca muito o ser humano em suas conquistas. Sabemos que, na busca do equilíbrio, o positivo atrai o negativo e vice-versa. O pensamento está constantemente usando as energias de criar e destruir, mas, como fazemos e somos parte dessa energia de um Deus criador perfeito, somos provocados e desafiados a conquistar coisas mais fáceis e com menos esforço mental.

Quando precisamos nos utilizar das formas de pensamentos positivos, sentimos ser muito mais difícil e desafiador, como se uma energia nos indicasse, "pense de forma negativa, é mais fácil e rápido de se obter o que deseja".

Alguns povos da antiguidade criaram escolas especiais que hoje temos como iniciáticas. Essas escolas se preocupavam em treinar os neófitos a trabalhar e aprender a controlar seus pensamentos. Eles criaram técnicas e métodos para controlar o pensamento e, por meio delas, realizavam curas e ajudavam as pessoas. Outras escolas, aproveitando-se dessas mesmas técnicas, passaram a usá-las para obter prazeres e satisfações próprias e egoístas, usando de seus poderes para subjugar outros seres humanos.

Devemos nos educar constantemente para não deixar que as energias de formas de pensamentos negativos venham dominar a nossa mente. Temos muitas informações tecnológicas, visuais e sensoriais que são manipuladas pela mídia e pelas culturas desinformantes que buscam o domínio das pessoas por interesses hostis.

Todo esse conjunto de informações fáceis está causando facilidade ao ser humano. Hoje, achamos que temos o domínio da informática, mas é ela que nos domina por meio de seus aparelhos. Estamos todos conectados, estamos dominados. Não ficamos, por exemplo, longe dos nossos smartphones, que a cada modelo traz novos sistemas, Apps e jogos de controle que ocupam o usuário por horas. Não sabemos mais de cor os números e os endereços dos nossos amigos, pois tudo está registrado nos aparelhos celulares, que são programados para nos controlar sim; muitos podem achar que não, mas antes de criticarem observem: estamos sendo monitorados 24 horas por dia!

O ser humano vem em busca de sua perfeição, mas se permite ser corrompido e se perde muitas vezes por não saber dominar seus pensamentos. Vamos nos concentrar em nossos 10% de mente pensante e tentar expandir e dominar os nossos pensamentos e desenvolver nossa sensibilidade e nossa criatividade.

Os antigos, por não terem todas essas informações, tinham mais tempo para pensar e refletir. Os indivíduos mais ligados em ajudar o próximo trabalhavam com a força de seus pensamentos desejando e criando formas-pensamento de ajuda e de bem-estar ao Planeta Terra.

E é graças a esses homens e essas mulheres que trabalharam no anonimato que o benzimento ainda existe.

HOJE A CIÊNCIA EXPLICA QUE...

O poder do pensamento positivo transforma tudo à sua volta. Com o pensamento positivo vivemos com saúde, alegres, felizes, amamos, trabalhamos com mais disposição e atraímos pessoas mais harmônicas que vibram na mesma frequência que a nossa. Pessoas positivas são emocionalmente equilibradas.

Devido ao descontrole emocional e a acessos de raiva, muitas pessoas são responsáveis por enfeitiçamentos verbais, mentais e físicos.

Segundo Ramatis:

> Feitiço é o processo de convocar forças do mundo oculto para catalisar objetos que depois irradiam energias maléficas em direção às pessoas visadas pelos feiticeiros.
>
> Feiticeiro é um ser mentalmente preparado para que possa dinamizar e condensar forças sutis, por meio de objetos, segundo a sua vontade.
>
> Esses feitiços podem ser de ação de forças mentais conscientes ou até de ação inconsciente por puro desejo egoísta e por puro benefício próprio.

Hoje a física quântica explica que a magia também é ciência. No passado a magia era vista pelo homem com muito medo, superstição, como "coisa do demônio". A magia nada mais é que o conhecimento de como manipular as energias, físicas, mentais e sutis da Natureza e do Universo.

CAPÍTULO 3

Os Átomos e as Moléculas

O átomo é um sistema inteligente e universal e faz parte de tudo que Deus criou no Universo, compõe tudo e está em todos os lugares de sua criação.

No ar que respiramos temos: 78% de nitrogênio, 21% oxigênio, 1% de gás carbônico e 0,03% de argônio, de criptônio, de hélio, de neônio, de radônio e de xenônio.

A água é composta de dois átomos de hidrogênio e um átomo de oxigênio e é muito usada nos benzimentos. Vamos entender por que, e o que acontece quando a usamos como veículo do bem.

A MOLÉCULA DA ÁGUA

Dois átomos de hidrogênio e um de oxigênio representam a composição química da molécula da água.

Ainda que exista uma relação química entre um átomo de hidrogênio e um de oxigênio, e por ser estabelecidos pelos dois, os átomos de oxigênio aproximam de forma mais efetiva os elétrons, que dessa forma permanecem mais juntos a ele.

A partir daí uma molécula de água exibe uma região positiva, os hidrogênios, e uma negativa, o oxigênio, dando origem a uma molécula polar e/ou dipolo. A água detém diversas propriedades essenciais para os seres vivos provenientes de sua estrutura, além de possuir capacidade de deteriorar substâncias inorgânicas e orgânicas.

PESQUISA DE MASARU EMOTO: COMO O PODER DO HOMEM AGE SOBRE A MOLÉCULA DA ÁGUA

Masaru Emoto nasceu em Yokohama, Japão, no ano de 1943. Tornou-se conhecido internacionalmente ao explorar a ideia de que palavras ou pensamentos podem influenciar, de algum modo, o comportamento da matéria, no caso em questão, a água.

Cristais de gelo

Os cristais de gelo apresentam simetria hexagonal e começam a se formar usualmente à temperatura de 0º C. O início da formação dos cristais e seu crescimento dependem de inúmeros fatores, sendo o principal deles a temperatura. Não existem dois cristais de gelo exatamente iguais, de modo que, a princípio, a margem de escolha de Masaru em suas "pesquisas" é enorme. A imaginação do Sr. Masaru se deixou levar quando ele descobriu a infinita variedade de formas reveladas pelo microscópio. Caso o leitor queira se aprofundar no assunto, faça sua própria pesquisa sobre o tema "cristais de gelo".

Obtenção das fotos

As fotos foram obtidas do seguinte modo: 100 discos de Petri receberam cada um 0,5 ml da água de uma amostra específica. Em seguida os discos foram congelados e armazenados a uma temperatura de -25º C, por 3 horas. Depois, cada amostra foi retirada do freezer para ser observada em um microscópio dotado de câmera fotográfica, em um aposento mantido a -5º C. À medida que a luz foi derretendo o topo da amostra, os cristais foram observados e alguns fotografados (critério subjetivo).

Os discos de Petri são selados para prevenir possíveis contaminações ou alguma alteração pelo ambiente ou pelo operador. A totalidade das fotos obtidas nunca foi disponibilizada para a comunidade acadêmica, Masaru somente divulgou fotos selecionadas que sustentam suas ideias. O critério de seleção dos cristais para as fotos é subjetivo: beleza, feiura, mais simetria, menos simetria.

As proposições de Masaru Emoto

Experimentos com amostras de água de locais diferentes, isso sim faria algum sentido, pois impurezas na água afetam fortemente a formação dos cristais. Não há nada demais que amostras de água de diferentes locais possam apresentar certas diferenças em seus cristais de gelo.

Exposição à música, palavras, preces, pensamentos ou rótulos nos recipientes

As vibrações sonoras são perfeitamente reais, mas seria preciso que a água "memorizasse" a informação recebida de modo que isso afetasse posteriormente a formação dos cristais. Masaru simplesmente explica que a palavra escrita, assim como a falada, também tem uma "vibração" que é transmitida à água.

Críticas

Naturalmente, a subjetividade e a falta de rigor dos "experimentos" de Masaru provocaram o repúdio da comunidade acadêmica, que rejeitou a validade de suas conclusões. Cerca de 2 mil seguidores de Masaru em Tóquio concentraram pensamentos positivos sobre amostras de água guardadas em um aposento na Califórnia, blindado contra interferências eletromagnéticas. O relatório apresentado mostrou alguma evidência estatística a favor do sucesso do experimento.

As objeções contra a validade desses experimentos são sempre as mesmas: a subjetividade na seleção dos cristais e a manipulação humana (escolhas) ao longo de todo o processo, o que poderia viciar os resultados.

Como Masaru pode afirmar que a maioria dos cristais produzidos por uma dada amostra de água é mais bonita ou simétrica do que os produzidos por outra amostra? Ele olha todos os cristais? Já que isso não é possível, qual o critério de amostragem estabelecido para a seleção dos cristais? Escolher apenas alguns cristais para as fotografias de acordo com o humor do momento não pode levar a qualquer base de dados utilizável em uma pesquisa séria.

Masaru Emoto afirma ter provado que pensamentos e sentimentos interferem na realidade física. Ele diz que a estrutura cristalina da água é afetada pela Energia de Vibração de pensamentos, atos e, até mesmo, de palavras e de músicas.

Kardec diz em sua "resposta dos espíritos à questão número 33" na obra *O Livro dos Espíritos*:

> Pergunta: A mesma matéria elementar é suscetível de receber todas as modificações e de adquirir as propriedades?
>
> Resposta: Sim, e isso é o que se deve entender quando dizemos que tudo está em tudo (o oxigênio, o hidrogênio, o azoto, o carbono e todos os corpos que catalogamos como simples, não são senão modificações de uma substância primitiva). Na impossibilidade em que estamos, até o presente, de remontarmos a não ser pelo pensamento a essa matéria primitiva, esses corpos são para nós verdadeiros elementos, e podemos, sem maiores consequências, considerá-los como tais até nova ordem.

Essa opinião é exata. É preciso juntar também segundo a disposição das moléculas, como, por exemplo, num corpo opaco que pode se tornar transparente, e vice-versa. Esse princípio explica o fenômeno conhecido de todos os magnetizadores e que consiste em dar, pela ação da vontade, a uma substância qualquer – à água, por exemplo – propriedades diversas: um gosto determinado ou mesmo as qualidades ativas de outras substâncias. Visto que não há senão um elemento primitivo, e que as propriedades dos diferentes corpos não são nada mais que modificações desse elemento, disso se resulta que a substância mais inofensiva tem o mesmo princípio que a mais deletéria. Assim, a água, que é formada de uma parte de oxigênio e duas de hidrogênio, torna-se corrosiva se duplicar a proporção de oxigênio. Uma transformação análoga pode se produzir pela ação magnética dirigida pela vontade.

Nesse processo, a água adquire propriedades diferentes das que possui em seu estado normal, chegando ao ponto de servir como medicamento no tratamento de várias enfermidades. Portanto, não está em questão a nossa certeza, como espíritas, de que a água absorve os fluidos espirituais do ambiente ou direcionados a ela.

O mundo da ciência acadêmica da linha racionalista não aceita influências, tanto espirituais como magnéticas, dos homens que se dedicam a essas práticas milenares. Esses senhores da ciência, talvez por não acreditarem em Deus e só acreditarem em seus aparelhos e em suas técnicas científicas do modelo presente, não possuem visão futurista, como a física quântica nos tem mostrado. Duvidam de tudo! Por que ao invés de questionar Emoto não vão rever as ideias do trabalho, corrigir suas falhas e comprovar esse trabalho como os russos estão fazendo na equipe do Dr. Garjajev? Só porque Masaru Emoto não é cientista ele não poderia ter ideias e fazer o trabalho que fez? Ele revelou ao mundo sua descoberta sobre a formação dos cristais de gelo da água sob a influência da palavra com conteúdo positivo e negativo. Vamos refletir sobre esse mundo científico, por que não querem pensar sobre os assuntos espirituais?

Temos outro trabalho realizado por Masaru Emoto, desta vez com Arroz. O experimento sugere que pensamentos positivos ou negativos influenciam a nossa vida.

Jaques Barbosa relata no artigo "Arroz, experimento, positividade e vida":

> Já pensou alguma vez em como os seus pensamentos, palavras ou a sua energia positiva ou negativa podem influenciar fisicamente o ambiente ao redor? Masaru Emoto quis provar o poder da mente humana e fez experimentos que não deixam dúvidas. Um dos que mais está dando o que falar é o experimento do arroz: Emoto colocou três porções de arroz cozido em frascos de vidro separados. Em um deles, o cientista escreveu "Thank You, I Love You" (Obrigado, Eu Te Amo), em outro "I Hate You, You Fool" (Eu Te Odeio, Seu Idiota, em tradução livre), e o terceiro foi totalmente ignorado. Durante 30 dias, ele pediu aos alunos que gritassem para cada um dos frascos o que estava escrito neles. No final desse tempo, o arroz do frasco com o pensamento positivo tinha começado a fermentar, largando um aroma agradável; o segundo estava praticamente todo preto; e o frasco ignorado era um acúmulo de bolor, caminhando para a decomposição.

GARJAJEV – O SOM PODE ALTERAR O DNA

O DNA humano é uma internet biológica superior em muitos aspectos à internet tecnológica. A mais recente pesquisa científica russa explica fenômenos como intuição, clarividência, atos espontâneos de cura, autocura, técnicas de afirmação, luz incomum – auras – em torno das pessoas, influência da mente sobre os padrões climáticos e muito mais. Além disso, há evidências de um novo tipo de medicina em que o DNA pode ser influenciado e reprogramado por palavras e frequências sem remover e substituir um único gene.

Apenas 10% do nosso DNA está sendo usado para a construção de proteínas. É esse subconjunto que é do interesse dos pesquisadores ocidentais e está sendo examinado e categorizado. Os outros 90% são considerados "DNA lixo". Os pesquisadores russos, no entanto, convencidos de que a natureza não faz nada por mero acaso, juntaram-se a linguistas e geneticistas em uma aventura para explorar os 90% de "DNA lixo". Seus resultados e suas conclusões são simplesmente revolucionários! Segundo eles, o nosso DNA não é apenas responsável pela construção de nosso corpo, mas também serve como armazenamento de dados e comunicação. Os linguistas russos descobriram que o código genético, especialmente nos "aparentemente" inútil 90% de "DNA lixo", segue as mesmas regras de todos os nossos idiomas humanos. O grupo do biofísico e biologista molecular Dr. Pjotr Garjajev também explorou o comportamento vibracional do DNA. O resultado foi: "... cromossomos vivos funcionam como *solitonic* e holografia de computadores que utilizam a radiação laser endógena DNA". Isso significa que eles conseguiram, por exemplo, modular a frequência certa em padrões de raio laser e com ela influenciar a frequência de DNA e, portanto, a própria informação genética. Uma vez que a estrutura básica dos pares de DNA alcalino e da linguagem (como explicado anteriormente) são da mesma estrutura, nenhuma decodificação de DNA é necessária.

A substância do DNA (no tecido vivo, não *in vitro*), sempre reagirá aos raios laser com linguagem modulada e até mesmo às ondas de rádio, se as frequências apropriadas estiverem sendo usadas.

Isso finalmente explica, cientificamente, por que as afirmações, o treinamento autógeno, a hipnose e a vontade podem ter efeitos tão fortes nos seres humanos. É perfeitamente normal e natural para o nosso DNA reagir à linguagem. Enquanto os pesquisadores ocidentais cortam genes simples do DNA e os inserem em outros lugares, os russos entusiasticamente trabalham em dispositivos que podem influenciar o metabolismo celular por meio de adequada rádio frequência modulada e de frequências de luz, e, assim, reparar defeitos genéticos.

O grupo de pesquisa de Garjajev conseguiu provar com esse método que cromossomos danificados por raios X, por exemplo, podem ser reparados. Eles até capturaram padrões de informação de um DNA particular e os transmitiram para outro, reprogramando, assim, as células para outro genoma. Dessa forma, toda a informação foi transmitida sem quaisquer dos efeitos secundários ou desarmônicos encontrados quando se extrai e se reintroduz genes simples do DNA. Isso representa um inacreditável mundo de transformação e revolução.

Os cientistas russos também descobriram que o nosso DNA pode causar padrões perturbadores no vácuo, produzindo assim buracos de minhoca magnetizados. Buracos de minhoca são os equivalentes microscópicos das chamadas pontes de Einstein-Rosen na vizinhança dos buracos negros (deixados pelas estrelas extintas), que são conexões de anéis entre áreas totalmente diferentes no Universo pelas quais as informações podem ser transmitidas fora do espaço e tempo. O DNA atrai esses "pacotes" de informação e os envia para a nossa consciência.

Esse processo de hipercomunicação é mais eficaz em estado de relaxamento. Estresse, preocupações ou um intelecto hiperativo impede a hipercomunicação de nosso DNA, deixando a informação totalmente distorcida e inútil.

Na natureza, a hipercomunicação foi aplicada com sucesso por milhões de anos. O fluxo organizado de vida dos insetos prova isso dramaticamente. O homem moderno sabe que somente é possível chegar a esse resultado em um nível muito mais sutil como a "intuição". Mas nós também podemos recuperar o pleno uso dessa comunicação. No homem a hipercomunicação é encontrada com mais frequência quando subitamente se ganha acesso à informação que está fora da base do seu conhecimento. Tal hipercomunicação é então experienciada como inspiração ou intuição. O compositor italiano Giuseppe Tartini, por exemplo, sonhou uma noite que um demônio sentou em sua cama tocando um violino. Na manhã seguinte Tartini foi capaz de anotar a peça inteira de memória, ele chamou a sonata de *O trilo do diabo*.

Quando a hipercomunicação ocorre, pode se observar no DNA, assim como no ser humano, fenômenos especiais. Os cientistas russos irradiaram laser nas amostras de DNA; isso formou na tela um padrão de onda típica. Quando eles removeram a amostra, o padrão de onda não desapareceu; ele permaneceu. Muitas experiências de controle mostraram que o padrão veio a partir da amostra removida, cujo campo de energia aparentemente se manteve por si só. Esse efeito é agora chamado *Efeito de DNA Fantasma*. Supõe-se que a energia de fora do espaço e tempo ainda flua por meio dos buracos ativados após a remoção do DNA.

O efeito colateral que mais se encontra em hipercomunicação nos seres humanos ocorre com campos eletromagnéticos inexplicáveis na proximidade das pessoas. Os aparelhos eletrônicos, como CD players e similares, podem simplesmente parar de funcionar por horas. Quando o campo eletromagnético se dissipa lentamente, os dispositivos voltam a funcionar normalmente. Muitos curadores e sensitivos conhecem esse efeito em seu trabalho. A atmosfera dessas pessoas é densa, carregada com muita energia; o mais frustrante é quando os aparelhos de gravação param de funcionar e não registram exatamente aquele momento. Mesmo se tentarmos ligar e desligar os aparelhos, sua função não é restaurada, mas, na manhã seguinte, tudo volta ao normal. Talvez isso seja, para muitos, reconfortante de se ler.

Isso significa que as pessoas que conseguem a interferência em aparelhos eletrônicos são boas em hipercomunicação.

Sabemos agora que, assim como na internet, o nosso DNA pode alimentar seus dados apropriados para a rede, pode chamar os dados da rede e pode estabelecer contato com outros participantes na rede. A cura a distância, telepatia ou "sensoriamento remoto" sobre o estado de parentes, etc., podem assim ser explicada. Alguns animais sabem, mesmo a distância, quando os seus donos planejam voltar para casa. Isso pode ser interpretado recentemente e explicado por meio dos conceitos de consciência de grupo e da hipercomunicação. Nenhuma consciência coletiva pode ser sensivelmente usada em qualquer período de tempo sem uma individualidade distinta. Caso contrário, seria revertido para um instinto de rebanho primitivo que é facilmente manipulado.

Hipercomunicação no novo milênio significa algo muito diferente: os pesquisadores acreditam que se os humanos com plena individualidade pudessem recuperar a consciência de grupo, eles teriam poder divino para criar, alterar e formar coisas na Terra. A humanidade está se movendo coletivamente em direção a uma consciência de grupo de novo tipo. Cinquenta por cento das crianças de hoje serão consideradas crianças-problema assim que forem para a escola. O sistema trata a todos globalmente e exige que se ajustem. Mas a individualidade das crianças de hoje é tão forte, que elas se recusam a esse ajuste e ainda se recusam a desistir de suas idiossincrasias dos modos mais diversos.

Ao mesmo tempo, mais e mais crianças clarividentes nascem (veja o livro *Crianças Índigo da China*, de Paul Dong, ou o capítulo sobre *Índigos* no livro *Nutze die taeglichen Wunder – Faça Uso das Maravilhas Diárias*). Algo nessas crianças está se esforçando mais e mais para a consciência de grupo de um novo tipo; elas deixarão de ser reprimidas.

Como regra, o clima, por exemplo, é mais difícil de ser influenciado por um único indivíduo. Mas ações climáticas podem sofrer influências decorrentes de uma consciência grupal (nada de novo para algumas tribos que fazem isso em suas danças da chuva). O tempo é fortemente influenciado pelas frequências de ressonância da Terra, as chamadas Frequências Schumann. No entanto, essas mesmas frequências são também produzidas em nossos cérebros. Quando muitas pessoas sintonizam os seus pensamentos, ou mesmo quando um indivíduo (um mestre espiritual, por exemplo) se concentra de forma semelhante à do laser, cientificamente falando, não seria de todo surpreendente que conseguissem com isso influenciar o clima.

Fazendo uma comparação entre esses dois pesquisadores, Emoto e Garjajev; podemos dizer que Emoto revelou sua ideia e seu trabalho para o mundo, mostrando como os cristais de gelo reagem sobre palavras de amor e ódio. Independentemente de como foram obtidos os resultados, Emoto teve a coragem de se expor ao mundo e revelar sua descoberta, o que deve ser revisto pelos cientistas que não estão realizando nada, só criticando. Será que isso pode ser visto como inveja pela descoberta? Enquanto isso, como praticante do espiritismo, vamos fazer uso das águas fluidificadas, magnetizadas e irradiadas assim como outras técnicas que também usamos, como o toque quântico, o Reiki, o Johrei, a messiânica, etc., porque sabemos que os seus resultados são reais e benéficos em nossas práticas e aplicações.

CAPÍTULO 4

Provas de Energia Utilizando a Foto Kirlian

A *Kirliangrafia* ou, num termo mais moderno, a *Bioeletrografia*, é um método de fotografia descoberto, em 1904, pelo padre Landell de Moura.

Sob a designação de "O Perianto", o padre descrevia minuciosamente os efeitos eletroluminescentes do que muitos acreditavam ser a aura humana. Landell não pôde seguir adiante em sua pesquisa, parando-a em 1912, por questões doutrinárias da Igreja Católica, já que a técnica poderia revelar o que ele chamava de perianto, termo semelhante ao períspirito usado pelos espíritas.

O processo da fotografia Kirlian foi nomeado após as descobertas de Semyon Kirlian, um eletricista e inventor amador da Krasnodar, Rússia, que foi o país pioneiro no processo no início dos anos 1940. A fotografia Kirlian é o fenômeno de descarga corona, que ocorre quando um objeto aterrado eletricamente descarrega faíscas entre ele e um eletrodo, gerando o campo elétrico. Quando essas faíscas são capturadas no filme, elas ficam com aparência de coronas de luz. As descargas podem ser afetadas por temperatura, por umidade, pela pressão ou por outros fatores ambientais. Nos círculos paranormais esse método é visto como "visualizar a aura de um objeto", e é utilizado como uma técnica de diagnóstico de algumas terapias alternativas.

Semyon descobriu, por acaso, que se um objeto pousado numa placa fotográfica é submetido a um campo elétrico, surge uma imagem na placa. A imagem, um halo colorido ou a coroa de uma descarga, diz-se que é uma manifestação física da aura espiritual que envolve cada ser vivo.

Alegadamente, esse método de fotografar objetos permite imagens de forças paranormais ou de auras. Na verdade, o que é fotografado são fenômenos naturais, tais como pressão, humidade, temperatura, carga elétrica, etc. Mudanças no meio (que podem refletir em mudanças nas emoções), pressão barométrica, voltagem, entre outras coisas, podem produzir diferentes "auras".

As coisas vivas (como os vulgarmente fotografados dedos) são úmidas. Quando a eletricidade se espalha pelo corpo vivo, produz uma área de gás ionizado à volta do objeto fotografado, assumindo que a umidade está presente no objeto. Essa umidade é transferida do sujeito para a emulsão fotográfica e causa alteração dos padrões da carga elétrica do filme. Se a fotografia é tirada em vácuo, na qual não existe gás ionizado, nenhuma imagem aparece.

Temos afirmações de que as fotografias Kirlianas são capazes de capturar o "membro fantasma", isto é, quando uma folha é colocada sobre a película e rasgada ao meio, a "fotografia" mostra toda a folha. Isso não se deve a efeitos paranormais, mas ao resíduo deixado da impressão inicial feita pela folha completa.

A fotografia Kirliana foi desenvolvida pela Nova Era como um instrumento de diagnóstico médico chamado Bioeletrografia, do qual pode se afirmar "... é um método de investigação para objetos biológicos, baseado na interpretação da imagem de descarga da corona obtida durante a exposição a um campo eletromagnético de alta frequência, que é registrado em película fotográfica ou equipamento de vídeo". O seu uso principal é um meio de diagnóstico rápido, barato e relativamente não invasivo para um diagnóstico de estados psicológicos e fisiológicos.

A fiabilidade de diagnosticar doenças fotografando auras não é muito grande. Bioeletrografia não deve ser confundida com a análise de energia energética apresentada por Peter Mandel, que desenvolveu uma terapia unificando a acupuntura e a fotografia Kirliana, chamando-a de Colorpuntura Esogética.

Nenhum desses métodos de diagnóstico deve ser confundido com outros tipos de fotografia médica, como tomografia, ressonância magnética e outros tipos de imagens. Fotografia Kirlian serve para captar a energia eletromagnética emitida por objetos. Essa energia não é visível a olho nu, mas podemos senti-la quando em contato próximo com alguém ou algo. Às vezes, somos atraídos por alguém com uma aura que é quase magnética. Essas pessoas parecem estar rodeadas por um brilho juvenil. Alimentos vegetais crus emitem maravilhosos padrões de luz vibrante, já os alimentos cozidos não. Se pensarmos sobre a beleza, partindo do princípio de que ela vem de dentro, é bastante natural iniciar uma dieta baseada em alimentos crus, que se exibem vibrantes e luminosos de energia.

Muito se especula sobre o que é registrado nas fotos Kirlian. Numa visão mística, alguns entusiastas religiosos alegam que as imagens do halo registrado nas fotos, correspondem à aura, ainda que esse registro também ocorra com objetos, ferramentas ou pedras. De fato, o que se registra nas imagens eletrografadas é apenas a resistência ou a permeância elétrica do objeto em estudo.

Embora alguns tenham especulado que a fotografia Kirlian possa registrar a tão falada aura, estudada por místicos e curadores psíquicos, ou que ela exista realmente em torno dos seres humanos, esse não é um ponto de vista geralmente aceito. A explicação científica dessas imagens é que elas resultam em interações entre partículas carregadas criadas pelo campo eletromagnético usado para formar as imagens.

Os praticantes individuais e os investigadores continuam a experimentar a fotografia Kirlian como diagnóstico, especialmente na Rússia e na Europa Oriental. A técnica também tem sido utilizada para fins não médicos, como detecção de falhas no metal e para determinar a viabilidade das sementes.

A energia não existe apenas nas coisas vivas e móveis. Inúmeras experiências e milhares de fotografias relatam a energia existente em todos os objetos.

Com a Foto Kirlian, os cientistas descobriram que o nosso campo energético é imediatamente alterado pela energia que nos cerca. Identificando o medo, a agressividade ou a amabilidade das pessoas ao nosso redor. E ainda interage com os campos de energia das máquinas, do Sol, da Lua, dos planetas, de trovões, dos sons e dos ventos. É também afetado por mudanças de estações e pelas marés, especialmente por distúrbios eletromagnéticos no Sol (manchas solares).

O QUE ESTÁ COMEÇANDO A SURGIR É:

Uma nova imagem do ser humano, que, ao invés de ser alienado, é um campo pulsativo, interagindo dinamicamente com todos os outros campos, como uma nota musical, ressoando com todas as outras notas de uma sinfonia. É a nova ótica do ser humano conectado com o Cosmos, consciente e reagindo por intermédio do seu campo de energia bioplásmico às mudanças do Sol e dos planetas, do meio ambiente, das condições meteorológicas e das máquinas, bem como às doenças, ao humor e ao pensamento de outras pessoas; uma visão da humanidade como parte da cadeia de vida na Terra e no Universo.

CAPÍTULO 5

O Equilíbrio Consciente

ENERGIA NEGATIVA, BAIXO-ASTRAL OU AURA PESADA

Para entender o que é energia pesada ou popularmente conhecida como aura carregada, é preciso compreender que todos nós temos um corpo físico e um corpo espiritual. Esse corpo espiritual é também conhecido como corpo de luz, campo energético, aura, psicossoma ou períspirito. Um campo de energia que gera uma aura de até um metro de diâmetro e é basicamente manifestado com base na essência dos pensamentos, dos sentimentos e das emoções. É aí que a explicação que quero transmitir começa a se desenrolar.

Esse campo extrafísico é formado por energia vital eletromagnética, e como tal, é constituído por duas polaridades, a positiva e a negativa. Quando os pensamentos, as emoções e os sentimentos de uma pessoa estão desorganizados, agitados, tensos, pessimistas, carregados de medo e angústia, essa força extrafísica se desequilibra e nesse momento a tão falada energia pesada começa a se formar. Resumindo:

A energia pesada é resultante de pensamentos, emoções e sentimentos desequilibrados.

As energias se misturam, como a energia pesada ou carregada fica gravitando no entorno da pessoa que a produz. Qualquer um que se aproximar dessa aura desequilibrada poderá sofrer a influência negativa que ela transmite. Além disso, qualquer ambiente em que a pessoa esteja é também capaz de ficar carregado, mesmo que temporariamente, com o fluido energético invisível produzido por suas emoções e seus pensamentos desequilibrados. Quando você está em desequilíbrio, tende a gerar energias pesadas que podem afetar negativamente outras pessoas, animais, lugares e objetos. Do mesmo modo, quando outras pessoas estão em desequilíbrio, elas também geram energias pesadas que podem afetar negativamente você, outras pessoas, animais, lugares e objetos. Energias pesadas costumam somar e tornar as pessoas, os lugares ou os ambientes ainda mais pesados e desequilibrados. É necessário trabalhar essa energia para se sentir melhor no ambiente, com as pessoas e até para dormir bem.

COMO PROTEGER A SUA ENERGIA E LIMPAR A ENERGIA NEGATIVA

Existe uma forma de resolver o problema em sua causa raiz. Com base nos meus estudos, descobri o que as antigas escolas iniciáticas, de tempos remotos, sempre utilizaram. As técnicas que vou descrever podem ser usadas individualmente ou em ambientes.

Limpeza com incenso

Nunca acenda um incenso apenas por acender. O segredo é fazer uma oração, elevar o pensamento a Deus e colocar uma intenção forte de que a força do incenso limpe a sua energia ou a sua aura. Com suavidade, faça a fumaça do incenso tocar suavemente o seu corpo. Mantenha-se no processo por ao menos 5 minutos. Respire com suavidade e agradeça a bênção recebida.

Qualquer incenso serve; contudo, existem alguns que são mais específicos para limpeza.

Limpeza com arruda

Após muito estudo relativo à energia das plantas e o equilíbrio da alma, aprendi que é preciso saber combinar as plantas certas para que atuem em conjunto para cada caso específico. Contudo, independentemente da necessidade que temos de conhecer a forma certa de combinar as plantas, tem algo que podemos afirmar: a arruda é uma planta de limpeza energética! Por isso, você pode pegar um pequeno galho de arruda fresca e passar suavemente sobre o seu corpo. Passe o galhinho com suavidade como se estivesse fazendo carinho em você mesmo. Passe-o na cabeça, na testa, no peito e, principalmente, na região do estômago. Faça sempre em estado de prece, buscando elevação mental. Tudo isso deve durar no máximo 10 minutos. Depois pode jogar o galhinho de arruda utilizado em lixo comum.

Limpeza com sal grosso

Sal grosso dissolvido em água mineral é uma das coisas mais poderosas e rápidas para esse fim. Coloque de duas a três colheres de sopa com sal grosso em uma vasilha contendo um litro de água. Essa vasilha deve ter o tamanho suficiente para colocar os dois pés dentro, já que a técnica é de imersão. Sente-se confortavelmente em uma cadeira e coloque os pés dentro da vasilha. Feche os olhos, respire fundo, eleve os pensamentos a Deus e fique assim por aproximadamente 15 minutos.

Descarte a água com sal grosso no vaso sanitário.

Limpeza com respiração

A respiração profunda, cadenciada e constante é uma das formas mais eficientes de limpar a energia negativa, porque promove a expansão da aura. Quando isso ocorre, o equilíbrio é restabelecido. Procure um lugar confortável e calmo. Sente-se ou deite-se confortavelmente em um lugar da sua escolha. Então respire profunda e calmamente por vinte vezes. Tome o cuidado de manter o tempo de inspiração exatamente igual ao tempo de expiração. Você poderá sentir uma leve tontura. Se isso acontecer, diminua a intensidade da respiração, mas não se assuste, pois isso indica a superoxigenação do sangue e do cérebro. No ar existe uma forma de energia que os hindus descrevem como fonte de energia vital ou *prana*. Outras civilizações as chamam de bioenergia, *chi*, *maná*, etc. Todas as vezes que inspirar e deixar o ar entrar (*prana*) retenha-o e sinta o acúmulo da energia em seu pulmão e no corpo. Ao expirar, sinta o ar (*prana*) jogando para longe as energias pesadas e ruins. Sua aura expande toda vez que você respira fazendo a transmutação dessas energias.

Tenha essa consciência de que, ao respirar, a sua aura expande. Inspire, busque novas energias e as retenha em seu corpo, expire eliminando as energias pesadas, incorpore isso em seu dia a dia, conscientize-se de que com isso sempre estará se livrando de energias indesejáveis.

QUAL DESSAS TÉCNICAS DEVO USAR?

Use as técnicas que você tiver mais afinidade ou facilidade de fazer. Eu recomendo que use uma a uma separadamente e depois comece a associá-las, utilizando-as de forma combinada. Em outras palavras, você pode criar o seu próprio ritual para limpar as energias negativas, combinando as técnicas demonstradas aqui.

O QUE É AURA CARREGADA?

A aura é conhecida como o campo eletromagnético que circunda todos os seres vivos. E sendo a aura um campo de energia que rodeia as pessoas, ela fica carregada de energias negativas ou positivas, dependendo de nossas ações ou de nossos cuidados. A aura é um campo individual, está relacionada diretamente com a moral da pessoa, depende da personalidade, do estado espiritual em que se encontra e do meio em que vive.

Quando você sente que alguma "coisa" está errada, sabe que não é um problema material, mas que precisa fazer algo. Quando sente uma sensação de "corpo pesado"; de "peso sobre os ombros"; insônia, angústia e depressão sem justificativa; inquietação e nervosismo exagerado; doenças que não curam ou não são identificadas; falta de atração pessoal; projetos que não se realizam; "caminhos fechados"; relacionamento abalado ou destruído; perdas e prejuízos frequentes, isso significa que sua aura está suja.

Aura suja é sinônimo de energias negativas, o que pode ocasionar doenças, tempos difíceis, estresse e diversos outros problemas.

Esses distúrbios surgem aparentemente sem uma razão concreta ou justificativa. Porém, essas cargas negativas são reais, assim como os sentimentos – o amor e a inveja, por exemplo, você não vê, mas existem e podem ser de diversas espécies e das mais variadas origens. São problemas comuns que atingem os seres humanos em seu cotidiano.

A rotina diária coloca o indivíduo em contato com energias negativas que atuam em seu campo astral/espiritual, impregnando a sua aura, acabando por refletir em seu corpo físico. Tudo isso traz consequências para a sua vida material, no amor, no trabalho, no lar, na saúde e nos estudos. Esses eventos podem vir em forma de magia, como um Egun ("encosto" de pessoa já falecida), como cargas negativas, inveja, mau-olhado ou "olho gordo", karma ou lei do retorno ("aqui se faz aqui se paga"), e são conhecidos popularmente como "corpo carregado".

O carrego se manifesta por inveja, mau-olhado ou resultado de ação de magia. No caso dos Eguns (espíritos) podemos ver:

1. Espíritos "sem luz" altamente destrutivos que "encostam" nas pessoas, quer por ação de magia, quer pela sintonia da própria pessoa.
2. Espírito de parentes ou amigos quando em vida, que no seu desconhecimento inicial do mundo espiritual, pensam em nos "ajudar", mas acabam nos prejudicando sem perceber.
3. Pessoas que, ainda que involuntariamente, são como uma "esponja". Por sensibilidade, ou fraqueza espiritual, elas absorvem cargas negativas de outras pessoas ou ambientes como de cemitérios ou de hospitais (onde existe concentração de espíritos), casas, local de trabalho, chacotas feitas em encruzilhadas (quando há oferendas).
4. Ou quando discutimos, atrapalhamos ou perturbamos alguém, e essa sintonia ruim retorna para nós em forma de energia negativa e se instala em nossa aura.

Há, também, o carrego provocado por nós mesmos, em que toda energia por nós emitida, seja positiva, seja negativa, sempre retorna com as suas consequências. É a chamada Lei do Retorno.

AS CARGAS NEGATIVAS NOS ATINGEM DE VÁRIAS FORMAS

- Em nossa vida afetiva – Relacionamentos abalados ou destruídos, falta de atração pessoal, solidão.
- Em nossos caminhos, trabalho e objetivos materiais – Projetos que não se realizam, dificuldade de relacionamento e produtividade no trabalho, desemprego, "portas que se fecham", perdas e prejuízos.
- Na nossa disposição física e mental – Sensação de "corpo pesado", de peso sobre os ombros e de pressão na nuca. Sentimento de que estão tirando nossa energia e nosso poder de reação, causando-nos angústia, depressão, pessimismo, inquietação, nervosismo exagerado, insônia, sonolência durante o dia, cansaço, desânimo, mania de

ver as coisas mais feias do que elas realmente são, sofrimento por antecipação, ideias ruins e de autodestruição.
- Em nossa saúde – Saúde frágil, doenças que não curam, males que a medicina não explica ou detecte sua origem, dores de cabeça frequentes, enxaquecas, dificuldade de cura.

A limpeza da aura pode ser feita tomando-se banhos com ervas, com pipoca, com álcool (atenção, banhos com álcool devem ser feitos com extremo cuidado e de preferência sempre orientado ou acompanhado), e também por meio de passes fluídicos. Vai depender muito do estado de quem precisa se limpar (descarregar). A pessoa que vai fazer a limpeza deve acreditar, ter fé no que está sendo feito, quando se faz por fazer em nada auxilia.

Outra maneira é tomar banho com chá de ervas como guiné, arruda, orégano, gervão, cravo, louro, camomila e outros. Misture todas as ervas e faça a infusão, em seguida, após o banho diário enxague o corpo com esse banho. Deve-se tomar uma sequência de 7 (sete) banhos no mínimo. Com isso, a aura vai ser limpa e vai abrir caminhos para que coisas boas aconteçam.

Existem casos, porém, em que a "limpeza" por si só não é suficiente, é preciso realizar oferendas aos orixás para obtenção de alguma ajuda específica. Nesse caso é necessário procurar um terreiro, alguém que entenda do assunto ou alguma entidade que possa orientá-lo, pois, às vezes, até mesmo oferendas e pedidos não são suficientes. "Para tratar uma ferida, é preciso, antes limpá-la" – lembrando que tudo isso não terá resultados se você não mudar seus sentimentos, suas atitudes, se não fizer por merecer.

É necessário deixar a aura limpa, inclusive de nossos maus pensamentos, para receber a energia necessária. É preciso entender, também, que o tratamento não é como uma "varinha de condão" que batemos e o mal desaparece ou as coisas se modificam instantaneamente. Existe um tempo certo para cada pessoa receber o que é seu por merecimento.

Quando o tratamento é feito com amor, confiança e fé, fazendo todo o necessário para a solução do problema, restaura-se a energia pessoal, que de certa forma foi "contaminada", e acrescenta-se uma boa dose de energia positiva no desempenho das suas funções.

A limpeza da aura deve ser feita periodicamente, o ideal seria fazer um ritual simples de limpeza a cada fim do dia ou ao menos uma vez por semana. Porém, alguns banhos, como o de sal grosso, por exemplo, não devem ser feitos todos os dias ou uma vez por semana, pois ele retira a energia da aura, deixando-a muito vulnerável.

IMPOSIÇÃO DAS MÃOS

A imposição de mãos é uma prática encontrada em todo o mundo sob as mais diversas conotações, mas sempre com a intenção de transmitir algo para aquele que a recebe, essencialmente uma cura ou uma bênção e, na maioria das vezes, tem ligação com atos religiosos. É uma prática extremamente antiga (pré-histórica) e ainda comum nos dias de hoje.

No Novo Testamento da Bíblia, os apóstolos de Jesus Cristo *(Livro Atos dos Apóstolos 19,1-8)* ministravam curas e ordenavam (conferiam o Sacramento da Ordem) os fiéis como novos missionários, diáconos, presbíteros e bispos usando a imposição das mãos.

Na Igreja Católica, desde as primeiras comunidades até hoje – e especialmente regulamentado no Concílio de Trento – essa prática permanece sendo utilizada nas ordenações. Como também nas orações de intercessão da Igreja Evangélica, assim como no movimento de Renovação Carismática da Igreja Católica. É a base da terapia Reiki, que consiste em canalizar a energia vital pela imposição das mãos para a cura física dos que a recebem. Nesse caso, não há conotação religiosa.

A imposição das mãos é também utilizada pela Igreja Messiânica Mundial, movimento religioso cujo conceito central é o Johrei (luz divina), um método que pode canalizar a luz divina no corpo de outra pessoa, com intuito de curá-la de seus males físicos e espirituais.

No Espiritismo, doutrina codificada por Allan Kardec em 1857, a imposição de mãos é administrada por passes espíritas, no qual um indivíduo, que recebe o nome de passista, canaliza sobre outra pessoa "energias" ou "fluidos" benéficos, oriundos do próprio passista, de bons espíritos, ou ainda de ambas as fontes somadas, tendo sido especialmente documentado pelo médium e estudioso Jacob Melo.

No Mormonismo, doutrina fundamentada com o nome de A Igreja de Jesus Cristo dos Santos dos últimos dias, pelo primeiro profeta que a restaurou, Joseph Smith, utilizam a imposição de mãos para curar, ordenar a cargos na igreja, conferir o Espírito Santo, conferir os sacerdócios em seus respectivos ofícios, conferir bênçãos específicas e a Bênção Patriarcal. No ritual de cura é utilizado um óleo chamado de Óleo Consagrado.

A imposição de mãos sempre, ou assim deveria ser, é feita após um jejum de 24 horas, ou entre duas refeições; enfraquecer o homem natural (carne) para fortalecer o homem espiritual.

O Passe Espírita: o "Passe" dos espíritas consiste, principalmente, no dom que possuem certas pessoas dotadas de mediunidade, de curar pelo simples toque, pelo olhar ou até mesmo por um gesto, sem o uso de qualquer medicação. O decodificador do Espiritismo, Allan Kardec, o questionava, pois entendia que o fenômeno não passava de magnetismo, mas sua perspicácia de cientista demonstrava que alguma coisa a mais existia ali. Concluiu-se então que, geralmente, todos os magnetizadores são aptos a curar. Examinando mais profundamente, descobriu-se que, diferente do magnetizador, é o médium o curador, uma vez que essa faculdade é espontânea, e que alguns a possuem sem terem tido, jamais, conhecimento do magnetismo. Podemos considerar, entretanto, as pessoas dotadas de força magnética como uma variedade de médiuns.

Reiki: o Reiki é uma técnica de cura por meio da infusão de energias vitais pela imposição das mãos, desenvolvida em 1922 pelo japonês Mikao Usui e introduzida nos Estados Unidos, por volta de 1940, pela Sra. Hawayo Takata, uma estadunidense de origem japonesa. O Reiki se baseia na canalização da energia universal Rei pela imposição das mãos com o objetivo de restabelecer o equilíbrio energético vital de quem a recebe e, assim, restaurar o estado de equilíbrio natural (seja ele emocional, físico ou espiritual); podendo eliminar doenças e promover saúde. Trata-se de uma técnica energética, não tendo relação com nenhum sistema religioso. A sua prática assemelha-se com as práticas budistas de canalizar a energia universal pela imposição das mãos (Kiko – versão japonesa do Qi Gong), redescoberta no Japão no início do século 20.

Johrei: Johrei é uma oração ou terapia feita pela da imposição de mãos, vista pelos seus adeptos como a comunicação da luz divina para o aprimoramento e a elevação espiritual e material do ser humano, visando a eliminação de suas máculas (pecados), que estão em seu espírito, advindas de maus pensamentos, más palavras e más ações, que por meio dessa purificação permitida pela Johrei, seriam eliminadas e, consequentemente, se obteria, de forma progressiva, mais saúde, prosperidade e paz. Essa comunicação se dá por meio da imposição das mãos pelos membros da Igreja Messiânica Mundial, e foi idealizada e concretizada por Meishu-Sama, fundador da Igreja em 1935, no Japão. A palavra Johrei é de origem japonesa e é composta dos ideogramas: Joh (purificar) e Rei (espírito). Em síntese, significa "Purificação do espírito" ou "Batismo pelo Fogo". Consiste no ato de purificar o espírito do homem pela energia espiritual do fogo predominante na luz do "Supremo Deus". Qualquer pessoa pode ser capacitada a ministrar Johrei, sendo preciso, para tanto, que se identifique com os ensinamentos e os conhecimentos passados pelo movimento religioso ministrado em cursos, e que, posteriormente, seja outorgada com o Ohikari, tornando-se, assim, membro dessa instituição religiosa. Além da Igreja Messiânica Mundial, o Johrei é uma prática frequente também entre movimentos dissidentes surgidos na própria Igreja, tais como o Movimento Messiânico Universal e o Templo Luz do Oriente. Um dos mais antigos movimentos dissidentes da Igreja Messiânica, a Sukyo Mahikari, também tem o Johrei dentro de suas práticas, embora, ao contrário dos anteriormente citados, não tenha Meishu-Sama como figura central. Mesmo a técnica sendo incrivelmente semelhante, o nome que a designa é Okyome.

Essas, e muito outras técnicas, são ferramentas para podermos restabelecer a harmonia e o equilíbrio energético dos nossos sete corpos sutis, conhecidos como: Átmico, Búdico, Mental Superior, Mental Inferior, Astral, Duplo Etérico e Físico, conforme veremos a seguir.

Átmico – Atman, Centelha Divina, Espírito-Essência

É o Eu Cósmico, a onipresença absoluta que se manifesta em cada indivíduo, a Essência Divina em cada ser criado.

Búdico – Inconsciente, Passado, Corpo-Arcaico

É o banco de dados da consciência, onde está gravado os dados relativos a nossa evolução. Um corpo atemporal, o que mais se aproxima do que chamamos de Perispírito.

Mental Superior – Inconsciente, Atual, Corpo-Nirvânico

Representa a memória criativa e pode ser percebido pela vidência. É onde reside os desejos, a força, a imaginação e a determinação. É o segundo banco de dados de que dispõe o ser.

Mental Inferior – Consciência Ativa, Concreto, Corpo-Mental

É onde reside a inteligência, a mentalidade, a reflexão, o raciocínio, a associação de ideias e a percepção. Este é o corpo em que estão as energias criadas pelos nossos pensamentos.

Astral – Psicossoma, Perispírito, Corpo-Espiritual

Este é o corpo onde está a sensibilidade geral, o instinto, as emoções, as paixões e os sentimentos. É onde estão as energias criadas pelos nossos sentimentos. Um invólucro espiritual mais próximo à matéria, por isso, pode ser visto facilmente pelos clarividentes.

Duplo Etérico – Vitalidade, Magnetismo, Corpo-Físico

É um campo energético mais denso que o Perispírito e mais sutil que o Corpo-Físico, onde são distribuídas as energias do espiritual para o físico e vice-versa. Um mantenedor energético, uma verdadeira usina de energia. É por onde as energias espirituais "condensam" em direção ao corpo.

Físico – Matéria, Vida, Corpo-Químico

É o suporte material do espírito encarnado, meio de que ele dispõe para atuar na matéria. Uma soma dos impulsos positivos e negativos oriundos dos demais corpos.

O corpo físico é um verdadeiro templo vivo, que deve ser protegido, cuidado e cultivado como patrimônio divino.

CAPÍTULO 6

Os Chacras e suas Cores

TUDO É ENERGIA

Para começar a falar sobre os chacras, é preciso falar sobre energia. Tudo é composto por energia condensada, ou seja, matéria. Energia é tudo o que vibra: a luz, o som, os raios do Sol, a água e tudo o que existe no Universo. Nosso corpo físico é matéria, portanto, energia. O nosso Planeta é composto de energia condensada, assim como a natureza e todas as coisas que Deus criou. Há energia em todo lugar, dentro e fora do Planeta Terra. Todos os seres vivos precisam de energia vital (ou *prana*, bioenergia, *Chi*...) para que se mantenham vivos. Ela pode ser obtida pela luz solar, pelos alimentos, pelas plantas, pela terra, pela água, pelo ar e pelo fogo.

Como somos energia, cada ser vivo possui um campo magnético que o protege e o diferencia dos demais seres. Esse campo é mais conhecido como *aura*, e tem diversos nomes de acordo com a escola espiritual que o estuda. Na aura, segundo Wagner Borges, do IPPB, existem diversas aberturas por onde fazemos as trocas energéticas com o ambiente, com outras pessoas, com outros seres, com a natureza e com o mundo espiritual.

Essas aberturas na aura são vórtices energéticos e são popularmente conhecidos como chacras, ou chacras. Os chacras são centros de energia em forma de círculo (*chacra* = roda, em sânscrito) no nosso corpo, que vibram constantemente. Há bilhões de chacras espalhados pela aura dos seres vivos. Como isso acontece? É simples, todo ser vivo é composto por átomos, moléculas, organelas e células. Somos feitos por bilhões dessas estruturas, que são níveis hierárquicos de organização, e cada uma delas precisa estar em constante atividade para nos manter vivos. Portanto, para que isso aconteça, as células são nutridas com energia vital e precisam receber e liberar energia constantemente. Graças a essa troca, nós nascemos, crescemos e nos desenvolvemos, até que um dia cessamos as trocas energéticas e o corpo físico morre com suas células. Isso tudo acontece graças aos chacras, os principais responsáveis por essa troca energética. Para cada célula viva existe um chacra em movimento constante. Há chacras que desempenham importantes papéis no corpo. Alguns são mais importantes que outros, classificando-se por principais e secundários. Esses últimos são considerados assim por não estarem associados às glândulas endócrinas. Dois exemplos deles são o chacra esplênico (ligado ao baço) e o chacra do fígado. Aqui, vamos ver os principais chacras de forma geral.

OS 7 CHACRAS PRINCIPAIS

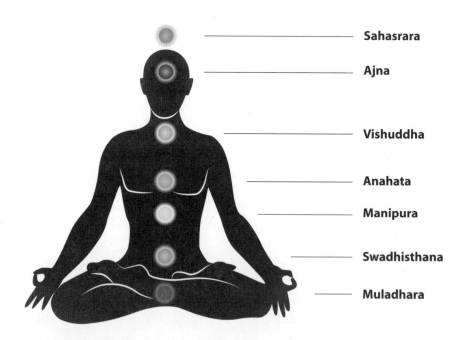

Os sete chacras principais do corpo são, de baixo para cima: Básico, Sexual, Plexo Solar, Cardíaco, Laríngeo, Frontal e Coronário. Todos estão associados ao sistema endócrino do corpo humano, e cada um deles está associado a uma glândula específica. Vamos nos basear aqui no estudo dos hindus, que se debruçam sobre a anatomia sutil há pelo menos 10 mil anos, por meio da medicina Ayurvédica e das escrituras sagradas do hinduísmo. Eles são os pioneiros no estudo dos chacras e representam cada um deles com flores de lótus com quantidades de pétalas diferentes. Quanto mais sutis são os chacras, mais pétalas eles têm (com exceção do chacra Frontal). Do ponto de vista espiritual, cada chacra traz consigo uma missão a ser cumprida pelo homem. A vibração de cada um dos chacras também indica se a pessoa está bem ou não em cada parte do corpo e em cada setor da sua vida. Um chacra que vibra em excesso está hiperativo, o que vibra menos do que o normal, está hipoativo, em desequilíbrio.

Chacra Básico ou da Base

Chamado pelos hindus de *Muladhara* ("suporte" em sânscrito), esse chacra está localizado na base da coluna (no último osso, o cóccix), mais exatamente na região do períneo. Sua abertura está voltada para baixo, para a terra. É o responsável pela absorção da energia telúrica e pelo estímulo direto da energia no corpo e na circulação do sangue. Está ligado às glândulas suprarrenais, responsáveis pela liberação no sangue do hormônio adrenalina, que nos impele a preservar a nossa vida diante de situações de perigo ou de decisão. O chacra Básico apresenta a cor vermelha, é ligado ao elemento Terra e rege os órgãos que dão estrutura ao corpo (ossos, músculos, coluna vertebral, quadris) e também as pernas e os pés. Dessa forma, esse chacra nos oferece um suporte, uma estrutura para vivermos no plano terrestre, pois é ele que nos conecta à Terra, à existência. É comum que pessoas com depressão ou que já atentaram contra a própria vida estejam com esse chacra fragilizado. Pessoas muito apegadas a coisas materiais, que acumulam coisas antigas, que costumam ter problemas de intestino preso, normalmente refletem a um mau funcionamento do chacra Básico. Pessoas prósperas e com boa saúde costumam ter o chacra Básico igualmente saudável. A missão desse chacra é fazer com que caminhemos com equilíbrio no Planeta Terra, ele expressa a saúde do corpo físico como um todo.

Chacra Sexual

Para os hindus, é o *Swádhisthána* ("cidade do prazer", em sânscrito) e encontra-se na região do baixo ventre. É fisicamente ligado às gônadas – testículos (homem) e ovários (mulher) –, à energia feminina, ao útero materno, à gravidez, à procriação e à criação de projetos pessoais e profissionais. É responsável pela reprodução e troca sexual durante o sexo e pelo controle de líquidos em todo o corpo humano. O chacra Sexual energiza toda a área genital e urinária, cuida da filtragem e da circulação de líquidos nos rins e é responsável por expelir todas as secreções do corpo. É regido pela Lua (por isso é tão ligado ao feminino, à sexualidade, à maternidade e à criação) e pelo elemento Água (vinculado ao líquido amniótico, às relações interpessoais, à autoestima e ao amor-próprio). Na gestação, dentro do ventre da nossa mãe, ficamos nove meses ligados a ela pelo cordão umbilical. No útero fomos abrigados e envolvidos pelo líquido amniótico, fomos nutridos por ele; por todos esses motivos, a saúde desse chacra mede e influencia a qualidade de nossa relação com a Água, com a família, com as pessoas em geral e com nós mesmos. Ele representa nosso corpo emocional, armazena emoções vividas em relacionamentos e nos dá a missão de interagir com o mundo, com aquilo que está ao nosso redor de forma harmoniosa. Também pode ser chamado de chacra Sacro e apresenta a cor laranja, roxa ou vermelha (dependendo das circunstâncias). É o chacra da troca sexual e da alegria. Muitas escolas espirituais evitam falar sobre esse chacra e colocam em seu lugar o chacra Esplênico (ou chacra do baço). Quando está bloqueado, causa impotência sexual, desânimo, problemas de relacionamento e baixa autoestima. Quando hiperativo, causa intenso desejo sexual e outras compulsões. Se o chacra Sexual estiver saudável, ele estimula o melhor funcionamento dos outros chacras e ajuda no despertar da *Kundalini*; a pessoa tem uma autoestima equilibrada e consegue aproveitar os prazeres da vida.

Chacra Umbilical ou Plexo Solar

Chamado de *Manipura* pelos hindus (em sânscrito, "cidade das joias"), fica um ou dois dedos acima do umbigo, está ligado ao pâncreas e influencia nossa relação com a matéria e com o poder pessoal. Esse chacra apresenta cor amarela, verde-escura e vermelha. Nele ficam retidas emoções densas como raiva, mágoa, medo, tristeza, angústia, rancor e ansiedade. É um dos chacras que mais precisa ser tratado e harmonizado. Representa o corpo mental. O Plexo Solar controla a região das vísceras, não é à toa que todas as emoções densas e viscerais (como paixão e desejo) se acumulam nessa região. Ele é responsável por absorver a energia dos alimentos e distribuí-la para todo o corpo e é um dos chacras mais suscetíveis à nossa rotina. A maioria das pessoas sofrem com algum problema físico nessa região, como gastrite, problemas estomacais, diabetes ou outros problemas digestivos. Quando está bloqueado, o chacra Umbilical causa enjoo, medo ou irritação. Quando em harmonia, nos dá um poder de realização muito grande, é o chacra que nos impele a agir, tem grande vitalidade quando saudável e funciona como um radar psíquico, percebendo energias ou presenças espirituais no ambiente.

Chacra Cardíaco

Os hindus lhe deram o nome de *Anáhata* (em sânscrito "câmara secreta do coração"). Por essa tradução fica fácil de saber onde ele está – na região do coração, no centro do peito. O chacra Cardíaco apresenta cor verde e amarelo-ouro, está ligado à glândula timo e é responsável pela energização do sistema cardiorrespiratório e por toda energia do tórax. Considerado o centro do amor e canal de expressão dos sentimentos, também está vinculado ao equilíbrio, ao amor universal, à compaixão, ao altruísmo e, fisicamente, ao sistema imunológico. O chacra do Coração tem a função de equilibrar as energias de todos os outros chacras, pois está no centro, tendo abaixo dele três chacras inferiores associados à existência na Terra, e acima, três chacras superiores, mais sutis e associados ao plano espiritual. É o coração que conecta o Céu com a Terra, é a conexão da espiritualidade por meio da matéria. Representa o corpo astral. É o chacra mais fragilizado se houver um desequilíbrio emocional. Se for bem desenvolvido, torna-se um canal de amor para o trabalho de assistência espiritual. Quando existe um bloqueio, a pessoa sente depressão, angústia, irritação, pontadas no peito, é excessivamente materialista e apegada. Fisicamente, o bloqueio pode gerar infarto e taquicardia. Nas mulheres, pode aflorar câncer de mama.

Chacra Laríngeo

Batizado como *Vishuddha* ("O purificador do sangue", em sânscrito), é vinculado a tireoide (e paratireoides), que tem como função filtrar o sangue e regular os ciclos menstruais nas mulheres. Esse chacra está localizado na garganta e é responsável pela comunicação, pela expressão das ideias, pela verbalização e pela concretização de projetos. Fisicamente cuida da boca, da garganta e das vias respiratórias. As mãos e os braços são extensões físicas do chacra da garganta, pois são com eles que trazemos as ideias para o plano material, colocando a "mão na massa". O Laríngeo representa o corpo etérico padrão e apresenta a cores azul-celeste, lilás, branca, prateada ou rosa. Quando apresenta boa saúde e desenvolvimento, facilita a psicofonia e a clariaudiência. É considerado também como um filtro energético que impede que as energias emocionais cheguem até os chacras da cabeça. Quando apresenta desequilíbrio, pode causar dor de garganta, herpes, dores de dente e/ou gengiva, hiper ou hipotireoidismo. Uma pessoa com problemas de adaptação, ou que aguenta tudo calada, "engole sapos", pode ter o chacra da garganta bloqueado.

Chacra Frontal

O *Ajña* ("centro de controle", em sânscrito) é mais conhecido como *terceiro olho*. Isso quer dizer que ele está na testa, entre as sobrancelhas, e é vinculado à glândula pituitária ou hipófise. Apresenta as cores índigo, branco-azulado, amarela ou esverdeada. Controla todos os outros chacras; é dele que saem todos os comandos para o corpo. Esse chacra cuida também do lobo frontal, que representa a nossa porção lógica, nossos ideais, nosso raciocínio e nossos pensamentos, além de nossa capacidade de aprendizagem, observação e intuição. O chacra Frontal representa o corpo celestial e é responsável pela saúde dos olhos e do nariz. Quando está saudável, o *Ajña* adquire capacidade de clarividência e expande a intuição. Ele é fácil de ser trabalhado, pois o usamos muito no dia a dia pela visão. Geralmente, a sua atividade pode ser sentida por uma vibração ou sensação de calor na testa. Representa a dualidade e os dois hemisférios do nosso cérebro, pois é desenhado com apenas duas pétalas. Há diversas disfunções nesse chacra, como excesso de pensamentos, ideias que se acumulam e não são colocadas em prática, desorganização, falta de foco. Fisicamente, a pessoa pode sofrer com sinusite, que é a somatização dessa congestão mental. Também pode aparecer a sensação de pânico, dores de cabeça e até problemas mentais. A meditação é uma ótima forma de esvaziar a cabeça e limpar o chacra Frontal.

Chacra Coronário

O *Sahasrara* ("Lótus das mil pétalas", em sânscrito) possui exatamente 972 pétalas. Está no topo da cabeça, ligado à pineal ou epífise, que é a glândula que fica no centro da cabeça e se encontra sobre todas as outras glândulas do corpo. O chacra forma uma coroa de luz, por isso também é conhecido como chacra da coroa, pois está voltado para cima. Apresenta as cores violeta, branco-fluorescente ou dourada. Com esse chacra, podemos alcançar a compreensão de tudo; é por ele que nos conectamos com o plano espiritual, com o Eu Superior, com Deus e o divino em todas as coisas. Ele está ligado à forma de professar nossa fé e evoluirmos espiritualmente. Quando bem trabalhado e desenvolvido, facilita a lembrança e a conscientização das projeções da consciência. Tem muita importância na telepatia, no desenvolvimento da mediunidade, nas expansões da consciência e na recepção de temas elevados. É o chacra por onde penetra a energia cósmica e a energia do Sol. É o mais importante de todos os chacras, pois é o responsável por energizar o cérebro, tem influência nas funções mentais e na produção de serotonina (o hormônio do bem-estar que regula o sono, o apetite, o humor, entre outras funções). Esse chacra representa o corpo causal. A vibração dele também indica que estamos vivos, por isso, mesmo as pessoas que dizem não acreditar em Deus, ou que não professam nenhuma fé e não têm qualquer prática religiosa também apresentam atividade no chacra da coroa. Quando está em desequilíbrio, a pessoa pode desenvolver fobias, problemas neurológicos, falta de fé, depressão, tendências suicidas. Quando está saudável, ativamos toda nossa sensibilidade e vivemos alinhados ao nosso propósito, com saúde, felicidade e muita disposição. Sua missão é compreender toda a existência e se iluminar, se integrar com o todo. É nosso último dever no Planeta Terra.

OS 7 CHACRAS E A FITOENERGÉTICA

Como vimos anteriormente, cada pessoa tem seu próprio campo de energia que envolve o corpo físico e que chamados de aura. Cada chacra cuida de um setor de nossa vida e dos desafios que temos de superar. Sabendo melhor como nossa energia se comporta, é possível começar a desvendar as causas de doenças e a perceber o nível de toxicidade de um comportamento e de pensamentos recorrentes em nosso dia a dia. Podemos começar a compreender como os sentimentos, os pensamentos e as emoções afetam nossa saúde emocional, mental, física e espiritual. A partir do momento em que descobrimos os desequilíbrios em nosso corpo e em nossos chacras, podemos contar com a energia das plantas e da água. Lembrando aqui, que todos os seres vivos possuem energia vital, por isso, as plantas, os vegetais e a água, podem nos ajudar a nos curarmos de doenças físicas, mentais, espirituais e emocionais.

> DICA: acredito muito no poder transformador de cada pessoa e que podemos nos curar. Para que a cura aconteça, podemos também associar todos os recursos disponíveis ao nosso redor. E um recurso imprescindível para a cura é o nosso comprometimento. Se você se compromete em mudar a sua vida e os seus pensamentos, a cura aparece!

A peça fundamental para vivermos em harmonia com nós mesmos e com o Universo é o equilíbrio. O difícil é que às vezes nos distanciamos da nossa própria essência, esquecemos que deveríamos estar no caminho do nosso propósito e, então, adoecemos. Mas existe um jeito de se encontrar esse tão sonhado equilíbrio: comprometimento e sintonia elevada.

CAPÍTULO 7

Você é a Imagem de Deus

Vamos votar aos textos sagrados, para obter, de forma mais objetiva, muitas das explicações a que faço alusão.

O que significa dizer "o homem é feito à imagem e semelhança de Deus"? No último dia da criação, Deus disse: "Façamos o homem à nossa imagem, conforme a nossa semelhança" (Gênesis 1:26). Então, Ele terminou Seu trabalho com um "toque pessoal". Deus formou o homem do pó e deu a ele vida, compartilhando de Seu próprio fôlego (Gênesis 2:7). Dessa forma, o homem é único dentre toda a criação de Deus, tendo tanto uma parte material (corpo) como uma imaterial (alma/espírito).

Em termos bem simples, ter "imagem" e "semelhança" de Deus significa que fomos feitos para nos parecermos com Deus.

Adão não se assemelhou a Deus no sentido físico (carne e sangue). As Escrituras dizem que "Deus é espírito" (João 4:24), portanto, Ele existe sem um corpo. O corpo de Adão, entretanto, espelhou a vida de Deus, a ponto de ele ter sido criado em perfeita saúde e não ter sido sujeitado à morte.

A imagem de Deus se refere à parte imaterial do homem. Ela separa o homem do mundo animal e o encaixa na "dominação" que Deus pretendeu (Gênesis 1:28), e o capacita a ter comunhão com seu Criador. É uma semelhança mental, moral e social.

Mentalmente, o homem foi criado como um agente racional e com poder de escolha: em outras palavras, o homem pode raciocinar e fazer escolhas. Isso é um reflexo do intelecto e da liberdade de Deus. Todas as vezes que alguém inventa uma máquina, escreve um livro, pinta uma paisagem, ouve uma sinfonia, faz uma conta ou dá nome a um bichinho de estimação, essa pessoa está proclamando o fato de que somos feitos à imagem de Deus.

Moralmente, o homem foi criado em justiça e perfeita inocência, um reflexo da santidade de Deus.

Deus viu tudo que tinha feito (incluindo a humanidade), e disse que tudo era "muito bom" (Gênesis 1:31). Nossa consciência, ou "bússola moral" é um vestígio daquele estado original. Todas as vezes que alguém escreve uma lei, volta atrás em relação ao mal, louva o bom comportamento ou se sente culpado, esse alguém está confirmando o fato de que somos feitos à própria imagem de Deus.

Socialmente, o homem foi criado para a comunhão. Isso reflete a natureza triuna de Deus e Seu amor.

No Éden, o primeiro relacionamento do homem foi com Deus (Gênesis 3:8 indica comunhão com Deus), e Deus fez a primeira mulher porque "não é bom que o homem esteja só" (Gênesis 2:18). Todas as vezes que alguém se casa, faz um amigo, abraça uma criança ou vai à igreja, essa pessoa está demonstrando o fato de que somos feitos à semelhança de Deus. Parte de sermos feitos à imagem de Deus significa que Adão tinha a capacidade de tomar decisões livres.

Apesar de ter sido dada a ele uma natureza reta, Adão fez uma má escolha em se rebelar contra seu Criador.

Fazendo isso, Adão manchou a imagem de Deus dentro de si, e passou adiante uma semelhança danificada a todos os seus filhos, incluindo a nós (Romanos 5:12).

Hoje, ainda trazemos conosco a imagem de Deus (Tiago 3:9), mas também trazemos as cicatrizes do pecado. Mental, moral, social e fisicamente, mostramos os efeitos.

A boa nova é que, quando Deus redime uma pessoa, Ele começa a restaurar a imagem original de Si mesmo, criando "o novo homem" que, segundo Deus, é criado em verdadeira justiça e santidade. (Efésios 4:24; veja também, Colossenses 3:10).

Esse é o homem que devemos buscar em nós mesmos como sendo a imagem de DEUS.

CAPÍTULO 8

Rezas e Orações

Para se obter os resultados desejados em uma reza ou oração, alguns requisitos básicos são necessários:
- Permissão do Atendido que quer ser curado;
- Determinação e firmeza nas palavras verbalizadas;
- Orar com muita Fé;
- Não duvidar do que está fazendo.

Mentalizar ou visualizar os átomos sendo recriados, formando moléculas perfeitas, com suas células e organelas se desenvolvendo perfeitamente e os tecidos se organizando em órgãos e sistemas perfeitos, tendo o poder divino em todo esse ser vivo à sua frente, formando-se com perfeição, é a verdadeira expressão da semelhança e imagem do corpo do criador Deus Pai Todo-Poderoso.

Deus sempre nos quer sadios.
Deus quer que rezemos pela nossa cura e libertação.

De modo geral, Deus quer que todas as pessoas tenham saúde.

A doença e a morte entram no mundo como consequência de nossas transgressões. Doença, às vezes, Deus até permite. Mas não manda! Nossa dor dói mais em Deus do que em nós mesmos; e os revezes da vida são parte de um insondável desígnio de Deus. Por vezes, esse é o único meio que Ele tem de nos falar, de nos amar e de nos conquistar. Se não vamos a Deus pelo amor, vamos pela dor.

São várias as rezas utilizadas para solucionar problemas ou direcionar soluções. É importante que cada uma delas seja lida na íntegra, não mudando nada, observando sempre cada detalhe.

Dentre as muitas rezas com forte poder que existem, há aquelas que são mais poderosas ainda. As pessoas mais entendidas no assunto afirmam que a mais poderosa é aquela que foi criada pelo próprio Cristo; a oração que o Pai ensinou: o Pai-Nosso, que é usado sempre com outras orações específicas para retirar um mal qualquer.

PAI-NOSSO

Pai-Nosso que estás nos céus, santificado seja o Vosso nome. Venha a nós o Vosso Reino. Seja feita a Vossa vontade, assim na Terra como no Céu. O pão nosso de cada dia nos dai hoje. Perdoai as nossas ofensas assim como nós perdoamos a quem nos tem ofendido. E não nos deixeis cair em tentação, mas livrai-nos do mal. Amém.

Outra oração muito respeitada é a Ave-Maria. Essa linda oração é um pedido para que a Santa Mãe de Deus interceda por nós junto ao seu filho, Jesus. Assim como também a oração Mariana, Salve-Rainha, que é uma súplica e um ato de esperança.

AVE-MARIA

Ave-Maria cheia de graça, o Senhor é convosco, bendita sois vós entre as mulheres e bendito é o fruto do vosso ventre, Jesus. Santa Maria Mãe de Deus, rogai por nós pecadores, agora e na hora de nossa morte, Amém!

SALVE-RAINHA

Salve-rainha, Mãe de misericórdia, vida, doçura e esperança nossa, salve! A vós bradamos degredados filhos de Eva. A vós suspiramos, gemendo e chorando neste vale de lágrimas. Eia, pois, advogada nossa, esses vossos olhos misericordiosos a nós volvei e depois deste desterro nos mostrai [fazer o pedido]. Jesus é o Bendito fruto do vosso ventre ó, clemente, ó, piedosa, ó, doce e sempre Virgem Maria, rogai por nós Santa Mãe de Deus, para que sejamos dignos das promessas de Cristo. Amém!

A seguir apresentarei uma série de orações que, se praticadas com a devida fé e com a devida importância, certamente farão diferença em sua vida.

As orações estão agrupadas por ordem de assunto, não seguindo necessariamente uma ordem alfabética. Muitas, por terem assuntos parecidos ou a mesma finalidade, poderão estar fora dessa ordem.

CREDO

Creio em Deus Pai Todo-Poderoso, Criador do Céu e da Terra, e em Jesus Cristo, seu único filho, Nosso Senhor, que foi concebido pelo poder do Espírito Santo, nasceu da Virgem Maria, padeceu sob o poder de Pôncio Pilatos, foi crucificado, morto e sepultado, desceu a mansão dos espíritos, ressuscitou ao terceiro dia, subiu aos céus, está sentado à direita de Deus Pai Todo-Poderoso, de onde há de vir julgar os vivos e os espíritos. Creio no Espírito Santo, na Santa Igreja Católica, na comunhão dos Santos, na remissão dos pecados, na ressurreição do espírito e da carne, na vida eterna. Amém!

CREDO "PROFISSÃO DE FÉ"

Creio em um só Deus, Pai Todo-Poderoso, criador do Céu e da Terra, de todas as coisas visíveis e invisíveis. Creio em um só Senhor, Jesus Cristo, filho unigênito de Deus, nascido do pai antes de todos os séculos, Deus de Deus, luz da luz, Deus verdadeiro de Deus verdadeiro, gerado, não criado, consubstancial ao pai, por ele todas as coisas foram feitas, e por nós, homens, e para nossa salvação, desceu dos céus e se encarnou, pelo Espírito Santo, no seio da Virgem Maria, e se fez homem, também por nós foi crucificado sob Pôncio Pilatos, padeceu e foi sepultado, ressuscitou ao terceiro dia, conforme as escrituras, e subiu aos céus, onde está sentado à direita do pai, e de novo há de vir em sua glória, para julgar os vivos e os espíritos, e o seu reino não terá fim, creio no Espírito Santo, senhor que da vida e procede do pai e do filho, e com o pai e o filho é adorado e glorificado, ele que falou pelos profetas, creio na igreja, una e santa [católica e apostólica], professo um só batismo para remissão dos pecados, e espero a ressurreição dos espíritos e a vida do mundo que há de vir. Amém!

GLÓRIA

Glória a Deus nas alturas e paz na Terra aos homens por Ele amados. Senhor Deus, Rei dos céus, Deus Pai Todo-Poderoso. Nós Vos louvamos, nós Vos bendizemos, nós Vos adoramos, nós Vos glorificamos, nós Vos damos graças por Vossa imensa glória. Senhor Jesus Cristo, Filho unigênito, Senhor Deus, Cordeiro de Deus, Filho de Deus pai, Vós que tirais o pecado do mundo, tende piedade de nós. Vós que tirais o pecado do mundo, acolhei a nossa súplica. Vós que estais à direita do Pai, tende piedade de nós. Só Vós sois Santo, só Vós, ó, Senhor, Só Vós, o Altíssimo Jesus Cristo, com o Espírito Santo, na glória de Deus Pai. Amém.

GLÓRIA AO PAI

Glória ao Pai, ao Filho e ao Espírito Santo, como era no princípio, agora e sempre. Amém!

HORA DA MISERICÓRDIA

Em 1937, Santa Faustina teve uma revelação de Jesus relacionada com a Hora da Misericórdia, hora da morte e paixão de Cristo, às 3 horas da tarde. A partir de então, essa hora passou a fazer parte da devoção.

A Hora da Misericórdia deve ser rezada sempre que sentir que pode ter magoado alguma pessoa ou que tem mágoa ou raiva de alguém que lhe tenha feito algo. Ideal para começar o ano sem sentimentos negativos.

Segue uma simples oração que lhe ajudará a perdoar e pedir perdão:

Eu dou a Misericórdia para quem me magoou. E peço a Misericórdia de quem eu magoei.

Dedique um tempo de seu dia, podendo ser às 15h ou às 3h da madrugada, por no mínimo 16 dias (nem que for ao menos uma vez na semana) para fazer essa simples oração.

PRECE DE CÁRITAS

A Prece de Cáritas, tem sido querida e contritamente orada por várias gerações de espíritas. Cáritas era um espírito que se comunicava por um canal receptor que era uma das grandes médiuns de sua época, Madame W. Krell, em um grupo de Bordeaux (França), sendo ela uma das maiores psicógrafas da História do Espiritismo, em especial, por transmitir poesia (que se constitui no ácido da psicografia). Madame W. Krell era da mesma leva de Lamartine, André Chénier, Saint-Beuve e Alfred de Musset, além do próprio Edgard Allan Poe. Na prosa, ela recebeu mensagens de *O Espírito da Verdade*, Dumas Larcordaire, Lamennais, Pascal, e dos gregos Ésopo e Fenelon.

A Prece de Cáritas foi psicografada na noite de Natal, 25 de dezembro, do ano de 1873, ditada pela suave Cáritas, de quem são, ainda, as comunicações: "Como servir a religião espiritual e a esmola espiritual." Todas as mensagens que Madame W. Krell psicografava em transe, e que chegaram até nós, encontram-se no livro *Rayonnements de la Vie Spirituelle*, publicado em maio de 1875, em Bordeaux, contendo inclusive, o próprio texto em francês (como foi transmitido) da Prece de Cáritas.

> Deus nosso Pai, que Sois todo poder e bondade, dai força àqueles que passam pela provação, dai luz àqueles que procuram a verdade, e ponde no coração do homem a compaixão e a caridade. Deus, dai ao viajante a estrela Guia, ao aflito a consolação, ao doente o repouso. Pai, dai ao culpado o arrependimento; ao espírito, a verdade; à criança, o guia; ao órfão, o pai. Que a vossa bondade se estenda sobre tudo que criaste. Piedade, Senhor, para aqueles que não Vos conhecem, e esperança para aqueles que sofrem. Que a Vossa bondade permita aos espíritos consoladores derramarem por toda parte a paz, a esperança e a fé. Deus, um raio, uma faísca do Vosso divino amor pode abrasar a Terra, deixai-nos beber na fonte dessa bondade fecunda e infinita, e todas as lágrimas secarão, todas as dores acalmar-se-ão. Um só coração, um só pensamento subirá até Vós, como um grito de reconhecimento e de amor. Como Moisés sobre a montanha, nós Vos esperamos com os braços abertos. Ó! Bondade, Ó! Poder, Ó! Beleza, Ó! Perfeição, queremos de alguma sorte merecer Vossa misericórdia. Deus, dai-nos a força no progresso de subir até Vós, dai-nos a caridade pura, dai-nos a fé e a razão, dai-nos a simplicidade que fará de nossas almas o espelho onde refletirá um dia a Vossa Santíssima imagem. Assim seja!

MAGNIFICAT (LC 1,47-55)

Minha alma glorifica ao Senhor, meu espírito exulta de alegria em Deus, meu Salvador, porque olhou para sua pobre serva. Por isso, desde agora me proclamarão bem-aventurada todas as gerações, porque realizou em mim maravilhas aquele que é poderoso e cujo nome é Santo. Sua misericórdia se estende, de geração em geração, sobre os que o temem. Manifestou o poder do seu braço: desconcertou os corações dos soberbos. Derrubou do trono os poderosos e exaltou os humildes. Saciou de bens os indigentes e despediu de mãos vazias os ricos. Acolheu a Israel, seu servo, lembrado da sua misericórdia, conforme prometera a nossos pais, em favor de Abraão e sua posteridade, para sempre.

ROSÁRIO DE NOSSA SENHORA

Na prática religiosa, desde há muito tempo o rosário vem sendo usado para alcançar graça e conforto a si mesmo e aos outros, e também para a divulgação de boas ações, para resolver conflitos e para crescimento espiritual. O rosário é composto por três mistérios contendo 150 Ave-Marias para meditar a vida (*gozosos*), a morte (*dolorosos*) e a glória (*gloriosos*) de Jesus Cristo e de Maria, e deve ser rezado nessa ordem. Já o terço é uma parte do rosário que nós escolhemos para rezar em determinados dias da semana.

Como rezar o terço

Antes do início do terço, com a mão direita aberta, faça com o dedo polegar uma pequena cruz na testa, outra nos lábios e outra no peito enquanto reza:

> Pelo Sinal da Santa Cruz, livre-nos, Deus, Nosso Senhor, dos nossos inimigos.

Continuando com a mão direita aberta, faça uma grande cruz, tocando com as pontas dos dedos na testa, no peito, no ombro esquerdo e no ombro direito.

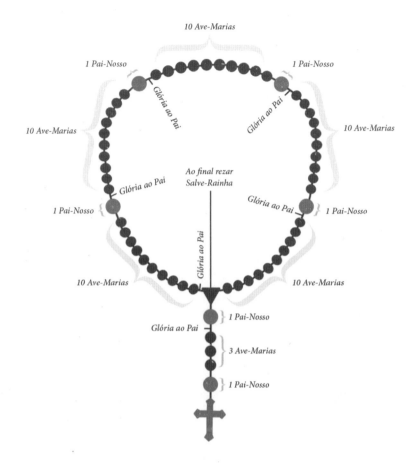

ORAÇÃO CONTRA O MAU-OLHADO COM TERÇO

Jesus que é o Santo Nome de Jesus. Onde está o Santo Nome de Jesus não entra mal nenhum. Eu te benzo criatura, do olhado. Se for na cabeça a Senhora da cabeça; se for na cara a Senhora de Santa Clara; se for nos braços o Senhor de São Marcos; se for nas costas as Senhoras das Verônicas e se for no corpo, o meu Senhor Jesus Cristo, que tem o poder todo. Santa Ana pariu a Virgem, meu Senhor Jesus, e assim como isso é verdade, assim esse olhado daqui é tirado, e para as ondas do mar seja lançado, para onde não ouça galos nem galinhas cantar. Em louvor de Deus e da Virgem Maria, Pai-Nosso e Ave-Maria.

Ainda com o terço na mão, reze uma Salve-Rainha. Repita nove vezes.

PRECE DE ABERTURA DE TRABALHO ESPIRITUAL

Ao Sagrado Princípio, Deus e Pai Divino, dirigimos nossos anseios, como servos humildes da Excelsa Doutrina do Caminho, ensinada e praticada por Jesus, o Cristo, exemplo de conduta, a fim de pedir as graças que possamos merecer. Dá-nos, Sagrado Princípio, o amparo das Legiões Mensageiras; envia-nos, Pai Divino, a luz da verdade, para que, estribados nas práticas doutrinárias vinculadas aos patriarcas, profetas, ao Cristo Modelo e aos apóstolos, possamos trabalhar pela restauração do verdadeiro Cristianismo, a Trilha Iniciática que conduz à divinização do espírito. Sagrado Princípio, concede a teus filhos a Graça de um novo Pentecostes para que, cheios de dons do Espírito Santo, mediunidades ou carismas, possam eles conhecer teus Santos Desígnios, e também, com os sinais e prodígios daí decorrentes, encham a Terra de verdadeiros ensinos evangélicos. Perdoa, Senhor, as ignorâncias e as fraquezas de teus filhos ainda inconscientes, negligentes e imponderados. Afasta de teus filhos, Senhor, as tentações do orgulho, da vaidade, do ciúme e de todos os males derivados da ignorância que tanto maculam os espíritos, empobrecendo-os na árdua tarefa de servidores da Verdade, do Amor e da Virtude. Inspira teus filhos, Senhor, no sentido de conhecer a verdade e praticar o bem, porque fora disso ninguém é cristão, ninguém desabrocha o Cristo Interno, que é o Sagrado Objetivo da Existência. Pai Santo, infunde em teus filhos o sentimento de respeito às verdades eternas, perfeitas e imutáveis, para que, modificando a conduta, venham a transformar a Terra em um mundo de paz e ventura, sem ignorância e sem erros, sem desesperos e sem lágrimas.

COMUNHÃO ESPIRITUAL

Ó meu Deus. Dando valor ao Menino Jesus. Dizei ao Divino Salvador, que venha ao meu coração. Ele é muito pequenino para receber tão grande rei. Mas eu espero torná-lo grande pela fé e pelo amor. Sagrado Coração de Jesus, protegei o mundo inteiro. Não o deixeis cair no pecado mortal. Sagrado Coração de Jesus, que tanto nos amais, fazei que vos amemos cada vez mais.

AUMENTA A MINHA FÉ!

Senhor, eu creio, mas aumenta a minha fé! Tantas vezes, sou Tomé. Preciso ver para crer... Vem Senhor, em auxílio à minha falta de fé! Quero dar passos, esperar mais, apostar mais... Mas como, Senhor? Sei que sem fé é impossível agradar ao Senhor. Sei também que aquele que tem fé tudo alcança. Senhor, eu renuncio à falta de fé e à confusão religiosa, ao sincretismo religioso e à tibieza, à preguiça espiritual e ao indiferentismo religioso. Renuncio Jesus, ao ateísmo e ao fanatismo, às superstições e aos levantes contra os teus escolhidos, contra a Santa Igreja, o Santo Padre, o Papa, a Eucaristia, a Senhora e os demais Santos. Quebra Jesus, por meio da poderosa intercessão do Imaculado Coração de Maria, minhas algemas e grilhões, que me impedem de crer e esperar. Obrigado, Jesus! Mesmo que minha fé seja um pequenino grão, em ti, apoiado no Senhor e em tuas promessas, muito poderá. Amém.

ORAÇÃO AO CORDEIRO

Amarrado vai o cordeiro, amarrado à cruz do madeiro. Se vós sois filho amado, esse homem que buscais adiante não ides, mas que esse homem é Jesus que lá vai naquela cruz, com três cravos encravados. João lhe vai ao lado, e a Virgem Maria o segue com grande dor. Que tendes, ó, meu filho, que tendes, ó, meu Senhor, que as costas levais abertas, com essa cruz de pau pesado? Nem sete a levam, nem sete a levarão. "Ajuda-me aqui Simão. – Sim, Senhor, ajudarei. – Mas vós haveis de levá-la, e a cada passadinha que deres ao chão haveis de ajoelhardes". O Sol escurecia. O filho de Deus morria. Morria para nos salvar. Quem nisso não puder crer, suba-se àquele outeiro. Verá a rua regada do Seu sangue verdadeiro. Ó, que rua tão comprida para quem de longe vem, para Nosso Senhor Jesus Cristo, que vem de Jerusalém. Quem o sabe não o diz, quem o ouve não aprende, lá virá o dia do juízo e verá que não se arrepende.

Quem essa oração bendita disser, na Quinta-feira Santa, tirará quatro almas do purgatório. A primeira será a sua, a segunda de seu Pai, a terceira de sua Mãe e a quarta de quem mais bem quiser. Amém. Em louvor de Deus e da Virgem Maria, Pai-Nosso, Ave-Maria.

PEDIDO DE PERDÃO PELOS PECADOS

Meu Senhor, do horto. Foste preso, foste morto. Perdoastes a Vossa morte. Perdoai os meus pecados. São tantos e envergonhados. Que nunca os poderei confessar. Nem a padre, nem a frade. Confesso-vos a Vós Senhor, que sois a luz da vida e a fonte da verdade. Meu Jesus, deitai-me à absolvição. Dai-me, neste mundo, a paz, e no outro, a salvação. Amém.

ORAÇÃO AO ESPÍRITO SANTO

Venha, Espírito Santo, enchei os corações de vossos fiéis e acendei neles o fogo do vosso amor. O Verbo Divino se fez carne e veio habitar entre nós. "Cordeiro de Deus que tirais o pecado do mundo, deem-nos a paz."

INVOCAÇÃO DA PROTEÇÃO DIVINA

O Senhor esteja sempre ao meu lado, para me defender dentro de mim, para me conservar diante de mim, para me conduzir atrás de mim, para me guardar acima de mim, para me abençoar em nome do Pai, do Filho e do Espírito Santo. Amém!

ORAÇÃO AO SAGRADO CORAÇÃO DE JESUS

(Esta oração destina-se a resolver qualquer assunto)

Ó, Divino Coração de Jesus, a quem tudo é possível, menos deixar de compadecer-vos de nossas necessidades, tende compaixão de nós, perdoe os nossos pecados para que sejamos dignos de suas promessas. Alcançai-me a graça que vos peço (neste momento faz-se o pedido). Pela intercessão do imaculado e aflito Coração de Maria, vossa Mãe, que também é nossa Mãe, a quem não podeis negar coisa alguma.

Dizer três vezes:

Nossa Senhora do Sagrado Coração de Jesus, esperança dos desesperados rogai por nós. Amém!

ORAÇÃO DE LIBERTAÇÃO

Eu [diga seu nome], em nome de minha família, rejeito toda a influência má que me foi transferida por hereditariedade física, espiritual ou emocional. Coloco a cruz de Jesus entre cada geração (†)[1] [sinal da cruz], e quebro todos os pactos e alianças, bem como todo jugo hereditário negativo. Eu amarro todos os espíritos de hereditariedade má de minhas gerações e ordeno que saiam em direção à luz, em nome de Jesus (†) [sinal da cruz]. Pai, peço perdão em nome de minha família a todas as criaturas que foram prejudicadas intencionalmente, ou ofendidas involuntariamente, com a redenção e perdão incondicional de todos os atos de má fé praticados em todas as minhas gerações. Pai, em nome de minha família, aceito o perdão, a misericórdia divina e a redenção em nome de todos os antepassados. Pai, quero emanar, neste momento, amor a todos meus antepassados e minha eterna gratidão àqueles que, com amor incondicional, contribuíram para minha evolução e crescimento. Que assim seja e assim será! (†) [sinal da cruz].

CONTRA OS CONFLITOS MUNDIAIS

Meu Deus, baixai do Céu à Terra, vinde acudir o mundo que ele está em pé de guerra. Está em pé de guerra, uma guerra mundial. Mas se vós estiverdes no mundo ninguém nos poderá fazer mal. Por Deus e pela Virgem Maria. Amém!

Rezar um Pai-Nosso e uma Ave-Maria.

ORAÇÃO PARA LEVANTAR O ÂNIMO

Uma boa oração para fazer quando o desânimo tomar conta de você é o Padre Nosso Pequeno.

Padre Nosso Pequenino, Deus me leve em bom caminho, onde Jesus ajoelhou, seu sangue derramou, sua cruz pôs adiante. Coisa má não me atente, nem de noite, nem de dia. Nem no pino do meio-dia.

Rezar um Pai-Nosso e uma Ave-Maria.

---

1. (†) Símbolo que significa fazer o sinal da cruz.

TENS MAL DE INVEJA?

Vai-te daqui. Que os sete raios de Sol e os sete raios da Lua vão atrás de ti. Que as ondas do mar te levem para onde não haja pão nem vinho, nem bafo de menino. Deus te fez, Deus te criou, Deus te tire o mal que alguém te rogou. E que a inveja que te botaram volte para quem a botou.

Reza-se um Pai-Nosso e uma Ave-Maria em louvor de São Cipriano, que se converteu e se arrependeu depois de ter expulsado Satanás do seu corpo e do seu pensamento.

ORAÇÃO ANTIGA PARA CORTAR FEITIÇOS

Aquele que fica firme, com a assistência de Deus, repousará seguramente na proteção do Senhor e lhe dirá: em Vós porei toda a minha confiança. Foi Deus quem me livrou das ciladas do inimigo e das palavras perniciosas. Ele me defenderá. Sob suas asas descobrirei a esperança, sua verdade me servirá de escudo e eu não temerei fantasmas noturnos, nem seta que voe de dia. Mil cairão à minha esquerda e dez mil à minha direita. Vós sois o meu Deus e minha única esperança. Que assim seja. Amém!

ORAÇÃO PARA FECHAR O CORPO CONTRA INIMIGOS

(Oração das Sete Forças do Credo)

Salvo estou, salvo estarei. Salvo entrei, salvo sairei. São e salvo como entrou Nosso Senhor Jesus Cristo no Rio Jordão, com São João Batista. Na Arca de Noé eu entro. Com a chave do senhor São Pedro eu me tranco. A Jesus de Nazaré eu me entrego. Com as três palavras do credo, Deus me fecha. Deus na frente, paz na guia, que Deus seja minha companhia, que o Divino Espírito Santo ilumine os meus caminhos, me livrando de todo mal e de inimigos que possam se opor no meu caminho. Que as sete forças do credo fechem meu corpo. Jesus é minha trindade para sempre. Amém, Jesus!

REZA FORTE PARA LIVRAR-SE DOS INIMIGOS

A pessoa que faz esta reza, torna-se invisível perante seus inimigos.

Minha pedra cristalina, que no mar foste achada, entre o cálice e a hóstia consagrada, treme a terra, mas não treme Nosso Senhor Jesus Cristo no altar. Que assim tremam os meus inimigos quando olharem para mim. Que com o manto da Virgem Maria eu seja coberto, e com o sangue do meu Senhor Jesus Cristo eu seja valido. Tem o inimigo vontade de me atirar, mas não me vê. E, se enxergar e atirar, que água pelo cano da espingarda corra no lugar da bala. Se tiver vontade de me furar de faca, da mão a faca cairá. Se me amarrar, os nós se desatarão, e se me trancar, as portas se abrirão. Salvo fui, salvo serei, com chave de sacrário eu me fecharei. Amém!

ORAÇÃO PARA ACABAR COM O MEDO

Senhor Jesus, no poder do teu nome poderosíssimo, coloco um fim agora a todas as formas de medo em minha árvore genealógica. Tomo autoridade sobre todo medo de rejeição e de fracasso. Senhor Jesus, na autoridade do teu nome, digo não a todo medo de água, de altura, de buracos, de sucesso, de fracasso, de homens, de mulheres, de multidões, de ficar sozinho, de Deus, da morte, de deixar a casa, de espaços fechados ou abertos, de falar em público, de falar em voz alta, de falar a verdade, de voar e de todo medo do sofrimento e da alegria e também de [citar o seu medo específico]. Senhor, que minha família conheça, em todas as gerações, que não há medo no amor. Que vosso perfeito amor encha de tal modo a história de minha família, que toda lembrança de medo deixe de existir. Eu vos louvo e agradeço na certeza de ser atendido. Amém!

ORAÇÃO CONTRA QUEBRANTO

Deus te remiu, Deus te criou, Deus te livre de quem para ti mal olhou. Em nome do Pai, do Filho e do Espírito Santo, Virgem do Pranto, tirai este quebranto.

ORAÇÃO CONTRA TODOS AQUELES QUE NOS DESEJAM O MAL

(Rezar a noite antes de dormir, todos os dias)

Eu, coberto com o manto de Nossa Senhora da Guia, andarei, não andarei, meus inimigos encontrarei, mal não me farão, nem eu lhes farei. Andarei, não andarei, um cruzeiro encontrarei: foi o Anjo Gabriel que encontrou Nossa Senhora e salvou-me rezando a Ave-Maria. Que o braço do onipotente caia sobre quem me queira fazer mal. Que fique imóvel como pedra enquanto eu, triste pecador, andarei a serviço de Deus Nosso Senhor. Amém!

ORAÇÃO CONTRA FEITIÇO

Por Manuele que é o nome de Deus Padre Todo-Poderoso, [fulano], se te puseram alguma feitiçaria nos cabelos da tua cabeça, ou nas roupas do teu corpo, ou na sua própria figura, ou em volta do corpo, ou na seda, na lã ou no algodão, ou nas casas feitas de cera, ou na parede de cali, ou em sapo ou sapa, ou em osso de criatura humana, ou herege, ou salamântega, ou outras coisas que se possa fazer feitiço, ou em comida ou em bebida, ou em terra do pé esquerdo ou direito, isso seja desfeito e desligado do corpo do [fulano]. Santos e Santas, Santo Agustin e [fulano], que faça as bruxas, servas do demônio, que tudo seja desfeito e desligado do corpo de Santos e Santas. Por Manuele que é o nome de Deus Padre Todo-Poderoso, nascido por obra e graça do Divino Espírito Santo e todos os Santos da corte do Céu e da Terra, que me valha, pelo amor de Deus.

ORAÇÃO CONTRA TODAS AS CILADAS

Senhor, Deus Onipotente e misericordioso a quem o Sol, o vento, os ares e os mares obedecem. Jesus, meu Deus e meu glorioso guia, minha Santa e abençoada Virgem Maria, protegei-me sempre e não só neste dia. Fazei com que todos os que me querem mal e me tentem prejudicar naquilo que faço, tenha na vida um forte embaraço, e nunca me encontrem ou falem comigo. Que os seus olhos não me vejam, que nos seus caminhos se percam e que as suas línguas se calem para que sob o vosso manto protetor, toda a minha vida ganhe um novo rumo. Em honra e louvor do Santíssimo Sacramento, da Santíssima Trindade e do Sagrado Coração de Jesus. Um Pai-Nosso rezado sobre a cruz, um credo e uma Salve-Rainha.

ORAÇÃO DE CURA

Querido Deus-pai e mãe, peço para ser banhado e iluminado pela luz branca de Cristo, a luz verde da cura e a violeta da transmutação. Pelo bem superior e dentro da verdade divina, peço que todas as vibrações dissonantes sejam removidas, encerradas em sua própria luz, levadas à fonte para serem purificadas, não retornando mais para nós, ou para qualquer outra pessoa. Peço para ser utilizado como canal para cura de [diga o nome da pessoa]. Estou procurando o bem superior de [nome], de acordo com a vontade dela e com a vontade de Deus. Peço que esta sala seja inundada de luz [local onde está a pessoa]. Que [nome] seja rodeado de luz. Peço a proteção do tríplice escudo da luz branca de Cristo. Neste momento, aceito essas forças de cura que atuam em mim ou por meu intermédio, aceitando apenas aquilo que está a serviço da vontade divina. Quero expressar minha gratidão por todas as bênçãos que recebemos, acompanhadas da manifestação da cura. Amém!

ORAÇÃO DO PERDÃO

A partir deste momento [pausar e respirar], e para sempre, perdoo todos os meus antepassados, perdoo todos os meus familiares, perdoo todas as pessoas que de alguma forma me ofenderam. Perdoo especialmente quem me provocou até que eu perdesse a paciência, perdoo todas as pessoas que rejeitaram meu amor e o meu carinho [fazer uma pausa e respirar profundamente], agora [pausa], sinceramente [pausa], peço perdão a todas as pessoas que, consciente ou inconscientemente eu ofendi ou prejudiquei. Perdão a mim mesmo pelas queixas, pelos ressentimentos e pela falta de fé [fazer nova pausa e respirar profundamente]. Sinto-me em paz com minha consciência, dirijo-me ao meu Eu Superior pedindo perpetuação e proteção para este momento de imenso amor, por mim mesmo, para todas as pessoas e para qualquer forma da Criação Divina. Que assim seja! E assim será! Amém! [3 vezes].

ORAÇÃO CONTRA O MAU-OLHADO

Nossa Senhora defumou o seu amado filho para bem cheirar, eu também defumo meu querido [a pessoa ou causa] para que todos os males se curem e o bem possa entrar. Deus encante quem te encantou, dentro deste corpo este mal entrou, assim como o sol nasce na terra e se põe no mar, que todos estes males para lá vão passar.

PROTEÇÃO AO LAR

Senhor, abençoa este lar, te rogamos. Para que venha a tua graça aos que nele habitam. Abençoa, Senhor, estas paredes que o cercam, a fim de resistir a todas as necessidades. Abençoa, Senhor, o telhado, para que seja um amparo ante o inesperado e abençoa suas portas, para que, dia a dia, sempre se abram à alegria.
Senhor, abençoa suas janelas amplas, a fim de que por elas entre a luz do Teu amor. Bendiz o fogo e o calor do fogão, e que a fumaça que sobe seja sinal de muita oração. Abençoa teus filhos que aqui vivem, para que nunca se afastem de Ti. E a todos os que aqui habitam ou são acolhidos, bendiz em Tua imensa bondade, para que vivam ungidos por Tua santidade. Amém.

PARA BÊNÇÃO NO LAR

Deus, Pai de misericórdia, Criador de todas as coisas; invocamos o teu Espírito Santo sobre este lar e seus moradores. Assim como visitastes e abençoastes a casa de Abraão, de Isaac e de Jacó, visita-nos e guarda-nos na tua luz. Guarda estas paredes de todos os perigos: do incêndio, da inundação, do raio, dos assaltos, e de todo e qualquer mal. Venham teus anjos portadores de paz! Suplicamos também a proteção e a saúde para todos os que aqui habitam. Afasta-os da divisão e da falta de fé. Abençoa e guarda este lar e todos os que o visitam. Por Cristo Jesus. Amém!

PARA BENZER AO AMANHECER

Já vejo a alva, já vejo o dia. Este é o meu louvor à Santíssima Trindade, que me protege com a sua infinita bondade. Entrego-me a Deus e a Virgem Maria.

QUANDO SE ABRE A PORTA DE MANHÃ

Bons olhos me vejam, maus olhos não vejais. Caia tudo em vós o mal que a mim desejais.

PARA AFUGENTAR O MAL DA CASA

Esta casa tem quatro cantos. Quatro anjos ao meu lado. Afasta-te daqui demônio, que te estou a expulsar em louvor do Santíssimo Sacramento. Leva este mal para fora. Entra todo o bem para dentro.

Colocar quatro brasas e quatro bocadinhos de alecrim, de incenso e de mirra, em um incensário, e defumar a casa de canto a canto, quatro dias seguidos no período da noite.

ORAÇÃO DA MANHÃ

No princípio do dia, diga a seguinte oração:

Graças vos dou, ó, meu rei Divino. Imenso seja o vosso santo poder. Infinitas graças vos dou por me deixares amanhecer. Vós, ó, meu rei celeste, alma e vida vos ofereço, dai-me um cantinho no Céu se vires que o mereço. Todos os passos que eu der, ajudai-me a acompanhar, e se em algum fracasso cair, ajudai-me a levantar. Em louvor da honra da Virgem Maria, um Pai-Nosso e uma Ave-Maria.

NO COMEÇO DO DIA

Rezo a Virgem Maria, e ao Nosso Senhor, meu Deus, para que ao começar este dia traga em mim a alegria e venha a esperança dos céus. Venha a mim meu Deus e os seus anjos, e a todos hei de adorar. Que o dia me corra bem e com vontade de trabalhar.

Em seguida, reza-se um Pai-Nosso e uma Ave-Maria.

QUANDO SE SAI DE CASA

Da minha casa vou sair, a minha vida vou governar, que tantos anjos me acompanhem quanto os passos que eu vou dar. Deus comigo e eu com Deus, Deus diante e eu de trás. Que Nossa Senhora me defenda das tentações de Satanás.

PARA FICAR PROTEGIDO QUANDO SAIR DE CASA

Agora e na boa hora, que eu saio da minha casa para fora. O anel de São Miguel levo na minha gola, quem mal me queira fazer, Deus as queira arrepender. Que tenha pernas e não ande, que tenha braços e não mande, que tenha boca e não fale, que tenha olhos e não veja. Peço a Deus que me proteja. Amém.

ORAÇÃO PARA VENCER CONTRARIEDADES NOS NEGÓCIOS

Descei sobre mim, Espírito Criador, de tudo quanto há sobre a Terra e os céus. Por tudo passastes; em homem tu criaste, para entender os males do mundo. Tu que imaginaste outro Céu, recebeste por paga uma coroa de espinhos. Também eu, meu Deus, sofro o que não mereço. Não consigo colher o fruto do meu trabalho. Por isso te peço que envies santos e santas, para observar o que faço e como me sacrifico, para glória de Deus e dos homens, a quem presto honrados serviços. Manda-me São Judas Tadeu, Santo Onofre, São Tiago, São Cristóvão, Santo Expedito, para poder encher a casa e o cofre, e eu me sentir forte, confiante e rico, e distribuir pela família e pelos necessitados. Ajudam-me, fruto e árvore, de tudo quanto existe, ouve a minha prece e a minha súplica, e nunca me deixes desanimar nas minhas tarefas. Tenho a certeza de que tu não me vais desamparar. E é com esperança, fé, amor e alegria, que te rezo um Pai-Nosso e uma Ave-Maria.

PARA ESPALHAR A TROVOADA

Santo Antônio pequenininho, se vestiu e se calçou e seu caminho caminhou. Encontrou Nossa Senhora que a ele perguntou: "Onde vais?" [aqui você fala o nome completo da pessoa que quer acalmar]. "Vou falar com Deus Menino!" Vai, abrande bem para o lado de Jordão, onde não cai pó nem grão, sililianto de Cristão.

PARA BENZER A TROVOADA

Para que não caia nem um grão, nem por cima de mortos, nem por cima de cristãos, em nome do Pai, do Filho e do Espírito Santo. Amém!

ANTES DA COMUNHÃO

Meu Deus, apesar da minha pobreza, dignai-vos aceitar que me sente à Vossa mesa.

NO FIM DE COMUNGAR

Água de Cristo, lavai-me, sangue de Cristo, elevai-me, paixão de Cristo, confortai-me. Ó, bom Jesus, ouvi-me. Dentro das vossas chagas, escondei-me. Na hora da minha morte, chamai-me. Mandai-me ir para Vós, para que vos possa louvar e adorar, por todos os séculos dos séculos. Amém.

Depois dessa oração, a pessoa deve concentrar-se bem e pensar se tudo quanto tem feito é útil para si e para os seus semelhantes. Todos aqueles que mentem perante Deus e na sua santa Igreja, nunca alcançarão a plenitude da felicidade, mesmo possuindo mais do que merecem. Ao fazerem a oração, despertam o Espírito do Senhor e, em vez de receberem graças, ele toma nota dos enganos que lhe querem transmitir. O livro sagrado explica que somos deuses ligados a Deus. Somos os fios de Deus ligados a este mundo.

DEPOIS DO BATISMO

Com a graça de Deus e a proteção da Virgem Maria, entraste na confraria dos céus com os anjos por companheiros, os arcanjos como caminheiros e os serafins como luzeiros, que os teus passos hão de seguir e nunca te deixarão cair nos laços deste mundo. Tal como São João Batista batizou Jesus e o ligou entre o Céu e a Terra, assim tu, com a água que tomaste, tens o caminho aberto para cumprires a vida em trabalho, riqueza e bem-estar. Que a luz do Espírito Santo te ilumine durante toda a vida. Em louvor e honra de Jesus e da Virgem Maria, um Pai-Nosso e uma Salve-Rainha.

NO FIM DA MISSA

Ó, meu Jesus, que essa missa rezada no Céu seja apresentada. Deus me dê parte nela para salvação da minha alma. Amém!

DEPOIS DO CASAMENTO

Eu te chamo, meu Senhor, para o casal abençoares e para num e no outro selares a ligação. Faz deles um só para que o seu amor e respeito sejam mútuos. Para que a sua força duplique, para que a sua inteligência triplique na união sagrada, em que a humanidade é gerada e os filhos serão os seus frutos e a sua continuação. O casal abençoará. A riqueza lhe dará. A compreensão aumentará e dos males os livrarás, desde que façam atenção aos gastos inúteis e às discussões desprovidas de bom senso. Para eles invoco a proteção da Senhora Aparecida, de Santa Bárbara, da Senhora de Fátima e de todos os Santos doutores. Em louvor e honra da Virgem Maria e de Jesus, consagrado uma Salve-Rainha e um Pai-Nosso rezado.

ORAÇÃO PELA RECONCILIAÇÃO DO CASAL

Jesus Amado, pelo sagrado vínculo que uniu vossos Santos Pais, Maria e José, eu vos peço pelo meu casamento e pelos casais que estão em crise. Que meu casamento, agora abalado por tantas palavras e situações dolorosas, pela falta de perdão e de diálogo, seja restaurado. Que nossa união, agora manchada pela falta de fidelidade e de respeito, pelas omissões e pelas atitudes enganosas, seja restabelecida. Que nosso matrimônio, Jesus, seja edificado com a vossa bênção. Eu invoco sobre mim e sobre meu casamento o poder daquele santo dia em que nós nos casamos. Que nada nem ninguém destrua a aliança que o Senhor fez conosco e que nós fizemos um com o outro. Jesus, pela intercessão de Maria e de José. Abençoai-nos e protegei-nos. Amém!

ORAÇÃO PARA AMORES INFELIZES

A oração do meio-dia é uma reza forte para pessoas infelizes no amor. Deve ser rezada com o nome da pessoa que se quer.

São Marcos, faça-me o vosso milagre. Peço-vos que prendais o coração de [nome completo] nas minhas vontades. Que [nome] chegue para mim como as ervas do campo chegam ao pé da cruz, manso(a) como um cordeiro. Deus te salve hora do meio-dia, em que o senhor seguiu. Se encontrares [nome], dá-lhe três solavancos no coração, assim como Jesus no ventre da Virgem Maria. Deixa ele(a) sentir três solavancos no coração. [Nome] com dois olhos te vejo com três cravos encravados no coração, com três hóstias consagradas, com três meninos pagãos e com três cálices de missa consagrados. São Marcos, faça-me o vosso milagre. [Nome] não há de me negar nada. [Nome] vai querer estar comigo, deixai que ele sinta três solavancos no coração. Amém!

APOIO NO CRESCIMENTO

A Santa Catarina me apego, a Santa Teresa me arrimo, aos santos doutores [Santo Ambrósio, São Jerônimo, Santo Agostinho, São Gregório Magno, Santo Atanásio, São Basílio, São Gregório Nazianzo, São João Crisóstomo e São Cirilo] me encosto para me darem o gosto dos meus filhos proteger. Para que eles nunca se zanguem e saibam ouvir tudo com ponderação. Para que desde a entrada na escola saibam respeitar os seus colegas, sem nunca dizerem mal uns dos outros, nem fazer pirraças aos animais. É a vós, meus santos de todos os tempos e de todas as idades, que vos entrego os tesouros de Deus, de modo a que não jurem em vão, que não gastem mau o que faz falta a quem pouco tem, e que estudem para poder distribuir os frutos de Deus, que são a inteligência, o amor e a riqueza. A vós, que sois santos e sabedores de tudo, porque muito estudastes e aprendestes, eu vos louvo rezando a Deus, à Virgem, e à Santíssima Trindade, um Pai-Nosso e uma Salve-Rainha.

NO TRIBUNAL DE DEUS

Quem sabe Nossa Senhora e Jesus Cristo venham nesta noite tirar-me contas. Mas eu, ai de mim, como hei de aparecer no Seu tribunal. As ofensas que tenho feito fazem-me tremer de vergonha. Que ingratidão a minha, ó, meu Deus. Tu não deixaste passar um só instante sem me beneficiar, e eu passei-os todos me esquecendo de vós e lembrando-me somente de vos ofender. Tem sido assim que durante tantos anos tenho correspondido a tantos benefícios divinos. Eu já devia estar a arder no fogo do inferno. Mas perdão, ó, meu Deus, perdão. Nas Vossas Divinas mãos encomendo o meu espírito. Vós, que me remistes e guardastes acordado. Guardai-me também dormindo, para que eu fique com Cristo e descanse em paz. Amém.

A FUGA DA MORTE

A morte é cruel e forte. Morre toda a gente: morre o rei e morre o Papa, da morte ninguém escapa. Se tiver um vintém, compro uma panela e meto-me dentro dela, tapo-a muito bem tapada e vai ser a minha sorte. Passa ali toda a gente e ninguém me vê. Só assim escapo da morte.

À HORA DA MORTE

Se o demônio atentar as almas, diz-se: arreda, arreda. Barrarás. Os campos de Judas faz. O teu dono é Satanás. Esta alma não é sua, nem conta com ela farás. Esta alma é de Deus, o seu caminho está feito. Vai em direção aos céus, deixa-o morrer em paz. Amém!

EXORCISMOS

Para os leitores que desejam praticar com afinco a Arte, ou mesmo quando é necessário fazê-lo, deve saber que podem e devem exorcizar (limpar e abençoar) os objetos que fazem parte de todos os benzimentos: ervas, água, sal, óleos ou azeite, faca, tesoura, velas, etc.

O benzedor deve realizar uma oração correspondente para cada objeto. Caso não tenha uma oração de exorcismo específico para o objeto desejado, cabe ao benzedor realizar seu próprio exorcismo de limpeza e purificação, usando sua intuição e comando mental sobre os objetos a serem usados em seus benzimentos. A prática do exorcismo em pessoas (para livramento ou cura), é muito utilizada nos benzimentos; trata-se de uma ação constituída de palavras e gestos (imposição das mãos, sinal da cruz, aspersão de água benta), pela qual se liberta e protege do mal em nome de Deus, e deve ser feito com muito respeito.

Exorcismo para saber se é espírito

Onde está o Santo nome de Jesus não entra mal nenhum. Eu te suplico, Espírito perdido, em nome de Deus Todo-Poderoso, diga-me, por que andas a atormentar o corpo de [dizer o nome da pessoa que sofre]? Neste momento e nesta hora, eu te conjuro para que confesses as tuas intenções. Chamo para minhas testemunhas Santa Bárbara bendita, São Gabriel e São Miguel Arcanjo, para rogarem por ti, ao Senhor, e assim sejas purificado no reino de Deus.

Caso seja necessário, repita o exorcismo por até cinco vezes. As palavras devem ser ditas calmamente e com a mão direita estendida em direção à pessoa atormentada pelo mal. Se o paciente acalmar é sinal que o espírito ouviu, mas fique atento às palavras subsequentes. Encerre o exorcismo com a seguinte oração:

> Seja de noite ou de dia, ao alvorecer e ao entardecer, rogo à Virgem Maria, que aqui possa descer. Que com ela venha Seu Filho, para a bênção aqui deitar, o doente sossegar e o espírito perdoar. Se ele se encaminhar para Deus, que possa descansar na luz vinda dos céus. Em louvor de Deus e da Virgem Maria e dos santos que a acompanharam, um Pai-Nosso e uma Ave-Maria.

Exorcismo para expulsar o diabo do corpo

> Em nome do Pai, do Filho e do Espírito Santo, eu te arrenego, anjo imundo, que pretendes meter-te em mim e corromper-me. Arrenego-te três vezes. Te expulso e não te quero. Pelo sagrado poder da Cruz de Cristo, pelo poder das suas Divinas chagas, eu te esconjuro, maligno infecto, para que não possas tentar a minha alma sossegada e a morada onde só Deus tem entrada. Amém.

Ao dizer o exorcismo faça o sinal da cruz sempre nos pontos-finais. Repita o esconjuro cinco vezes. Em cada vez que o disser, no final, coloque a mão na cabeça da pessoa afetada. Deixe-a estar mais ou menos um minuto e repita o exorcismo, adotando sempre o mesmo procedimento.

Bênção e exorcismo do sal

> Eu te abençoo e exorcizo sal, criatura de Deus, pelo Deus (†) vivo, pelo Deus (†) verdadeiro. Pelo Deus (†) Santo, pelo Deus que ordenou ao profeta Eliseu que te lançasses à água, a fim de curar a sua esterilidade, para que te tornes sal bento e exorcizado em proveito dos fiéis, dando a saúde da alma e do corpo aos que te usarem, fazendo fugir para longe dos lugares em que forem lançados ilusões, malefícios e fraudes diabólicas, assim como todo espírito impuro, intimados por aquele que há de vir a julgar os vivos e os espíritos e este mundo pelo fogo. Amém (†).

Bênção e exorcismo da água

Eu te exorcizo (†) água, criatura de Deus (†), em nome de Deus Pai (†) Todo-Poderoso (†), em nome de Jesus Cristo (†), seu Filho e Nosso Senhor (†) tenha força do Espírito Santo (†), para que te tornes água benta (†) e exorcizada, a fim de pôr em fuga todo poder do inimigo (†) e possas extirpar o próprio inimigo (†) com os seus anjos rebeldes (†), pela virtude do mesmo Jesus Cristo (†), Nosso Senhor (†), que há de vir a julgar os vivos e os Espíritos (†) e este mundo pelo fogo (†). Amém (†).

Põe-se o sal na água com um gesto em forma de cruz, dizendo uma vez:

Faça-se esta mistura de sal e água, igualmente, em nome do Pai (†) e do Filho (†) e do Espírito Santo (†). Amém!

Bênção e exorcismo do óleo

Eu te abençoo (†) e exorcizo (†), óleo (†), criatura de Deus, em nome de Deus (†) Pai Onipotente, que fez o Céu e a Terra e tudo o que neles contém. Que o poder do adversário (†), as legiões demoníacas (†), e todos os ataques (†) e insídias de Satanás (†) sejam banidos e lançados para bem longe desta criatura (†), o óleo (†). Que ele traga saúde aos corpos (†) e almas de todos os que o usarem (†), em nome de Deus (†) Pai Todo-Poderoso (†), e de Nosso Senhor Jesus Cristo (†) seu filho (†), e do Espírito Santo (†) paráclito. Pelo mesmo Nosso Senhor (†), Jesus Cristo (†), que virá para julgar os vivos e os Espíritos e o mundo (†), pelo fogo. Amém (†).

CAPÍTULO 9

Orações às Almas, aos Anjos e aos Santos

Separamos, neste capítulo, orações que são feitas de forma direcionada. Estudos científicos têm demostrado, conforme relatado à revista *Newsmax Health*, pelo Dr. Harold G. Koenig, MD, da Universidade de Duke, que: "Uma exaustiva analise de mais de 1.500 estudos de médicos respeitáveis indica que pessoas que são mais religiosas e oram mais, têm melhor saúde mental e física. De 125 estudos que analisaram a relação entre saúde e adoração regular, 85 mostraram que os fiéis regulares vivem mais tempo". Koenig é diretor do Centro de Espiritualidade, Teologia e Saúde da Universidade de Duke e autor de vários livros sobre fé e cura.

Os benefícios da prática religiosa mostram que, em geral, as pessoas vivem melhor em relação ao estresse, quando têm particular envolvimento com uma comunidade de fé ou um compromisso religioso. Geralmente essas pessoas experimentam um bem-estar maior, porque elas têm mais confiança, se tornam mais otimistas, desenvolvem menos depressão, menos ansiedade e cometem menos suicídio. Também possuem sistemas imunológicos mais fortes, baixa pressão arterial e provavelmente um melhor funcionamento cardiovascular.

Surpreendentemente, ao longo dos últimos 30 anos, um crescente despercebido do trabalho científico vem mostrando como a crença religiosa e a medicina psicossocial é benéfica. Os ateus podem até zombar da fé da forma como eles gostarem, mas não devem presumir que a ciência está do lado deles. Não importa qual é a sua religião ou credo, é necessário ter respeito cultural pelas várias orações aqui expostas. Ter uma oração de poder compreendida em sua mente fará conexão com seu Deus interno e o Criador. Com base nessas informações podemos perceber a importância das orações na prática do benzimento.

ORAÇÃO ÀS ALMAS

Oração pelas 13 almas aflitas

Treze Almas Aflitas! Treze Almas Aflitas! Creiam! Confiem! Esperem em Jesus! Venham a Ele, porque só Ele lhes renovará a esperança, a fé e a confiança! Treze Almas Aflitas! Venham a Jesus, porque Ele as guiará em direção ao Bem, à Verdade e à Luz! Treze Almas Aflitas! Jesus é o Nosso Divino Mestre, mas é também nosso Irmão! Aprendam a amá-lo e deixem que Ele as ame, pois só assim poderão receber sua paz e todas as consolações de que tanto necessitam para seu refazimento espiritual, praticando todo o bem e se livrando de o todo Mal! Treze Almas Aflitas! Treze Almas Aflitas! Jesus é com certeza o melhor amigo, o mais doce amparo e o mais seguro abrigo! Treze Almas Aflitas! Treze Almas Aflitas! Aprendam, com os anjos e com Jesus, a orar, a perdoar e a amar, porque só dessa forma receberão toda a justiça, toda a compaixão e todas as bênçãos dos céus! Abram o coração e peçam cada uma por si e por mais uma! E mais uma pedirá por ela e por mais uma! E mais uma pedirá por outra! E pedindo por si mesmas e umas pelas outras, tantas pedindo por tantas, muitas, muitas chegarão a Deus! Treze Almas Aflitas! O mundo é redondo; o Céu é redondo! Formem uma roda: peçam por si e por todas; então, quando de mãos dadas cultivarem a humildade, a bondade, o amor e a fraternidade, terão recebido a iluminação necessária para enxergar, enfim, a verdadeira felicidade! Assim, Treze almas aflitas, quando vocês forem benditas e quando forem muito mais que Treze na Glória de Deus, orem por mim na amplidão dos céus! Orem por nós, em nome e pelo Amor de Deus! Treze Almas Aflitas! Sigam Jesus! Vivam em Paz! Ressurjam na Luz! Treze Almas Aflitas! Deus as abençoe, Jesus as proteja e a mim também! Que seja assim! Amém! Amém! Amém!

Oração das 13 almas benditas

Ó! Minhas 13 almas benditas, sabidas e entendidas, vos peço, pelo amor de Deus, que atendam ao meu pedido. Pelo amor de Deus minhas 13 almas benditas, peço-vos pelo sangue que Jesus derramou. Atendam ao meu pedido, minhas 13 almas benditas, sabidas e entendidas. Peço a vós, pelas lágrimas que Jesus derramou, atendam aos meus pedidos, pelas gotas do suor que Jesus derramou, pelo seu sagrado corpo, atendam ao meu pedido. Meu senhor Jesus Cristo, que a vossa proteção me cubra com os vossos braços e me guarde com o vosso coração, proteja-me com vossos olhos. Ó, Deus de bondade, vós sois meu pai e eu sou vosso filho, vós sois meu advogado na vida e na morte. Peço-vos que atendam meu pedido, livrem-me dos males e deem-me sorte na vida. Que sigam meus inimigos, que os olhos maus não me vejam, que corte a força dos meus oponentes. Minhas 13 almas benditas, se vós me fizerdes alcançar esta graça que vos peço, ficarei eternamente devota de vós. Amém.

Oração às almas do purgatório

Deus, que usais de misericórdia e sempre estais dispostos a perdoar, humildemente vos pedimos que tenhais pena das almas dos fiéis falecidos. Não entregueis esses vossos servos ao poder do inimigo, nem deles vos esqueçais para sempre: mas ordenai aos vossos santos anjos que os recebam e conduzam à pátria eterna, o Paraíso. E já que em sua vida terrena confiaram em vossa misericórdia, não permitais que eles venham a sofrer na mansão dos mortos, mas ao contrário, fazei com que a sua esperança se torne realidade, ao entrar na posse da felicidade eterna. Que as almas de todos os fiéis falecidos, pela misericórdia de Deus, descansem em paz. Dai-lhes, Senhor, o descanso eterno. E que a Luz Perpétua os ilumine. Descansem em paz. Amém.

ANJOS E ARCANJOS

Oração ao Arcanjo Miguel

São Miguel Arcanjo foi escolhido por Deus para ser defensor de todos os cristãos. Ele, com seus Anjos, formam uma grande legião de luz pronta para interceder por todos aqueles que o invocam com humildade e sinceridade no coração. Para invocar seu auxílio reze diariamente a seguinte oração, de preferência durante o dia:

São Miguel Arcanjo, defendei-nos no combate. Precisamos combater o demônio, que é uma realidade, cuja ação se manifesta por meio das ações dos homens e das mulheres. Onde há ódio, guerra, violência, desagregação da família, aborto, traição, corrupção, roubos, sequestros, assassinatos, etc., o demônio está presente; alimentando o ambiente com muito mais ódio e violência.

Oração a Augusta Rainha dos Anjos

Augusta Rainha dos céus e Senhora dos Anjos, vós que desde o princípio recebestes de Deus o poder e a missão de esmagar a cabeça de Satanás, humildemente vos rogamos que envieis suas legiões celestes, para que, às vossas ordens, persigam os infernais espíritos, combatendo-os por toda parte, e assim, confundam a sua audácia e os precipitem ao abismo. Ó, Excelsa Mãe de Deus, enviai também São Miguel Arcanjo, o invencível chefe dos exércitos do Senhor, na luta contra os emissários do inferno entre os homens, destruindo os planos dos ímpios e humilhando todos àqueles que querem o mal. Obtenha para eles a graça do arrependimento e da conversão, a fim de que deem honra ao Deus vivo, Uno e Trino e a vós. Ó, nossa Poderosa protetora, por meio dos resplandecentes espíritos celestes, protegei por toda a Terra as igrejas, os lugares sagrados e, especialmente, o Santíssimo Sacramento do Altar. Impeça toda profanação e toda destruição. Os anjos estão a cada instante na espera de vossas ordens, eles ardem em desejo por escutá-las. Ó, Mãe Celeste, protegei também, enfim, a nossa casa, o nosso lar, das insídias do inimigo infernal. Fazei com que os santos anjos habitem sempre nelas e nos tragam as bênçãos do Altíssimo. Quem como Deus? Quem como vós, ó, Maria? Vós sois a Rainha dos Anjos e a vencedora de Satanás. Ó, boa e terna Mãe, vós sereis sempre o nosso amor e a nossa esperança! Ó, Mãe de Deus, enviai os santos anjos para nos defender e para repelir o cruel inimigo. Santos anjos e Arcanjos, defendei-nos e protegei-nos. Amém!

Oração aos anjos para afastar o mal

Em nome do Pai, do Filho e do Espírito Santo. Senhor, concedei a paz aos que têm fé, para que se cumpram as palavras do Profeta: "Ouvi as orações do Vosso servo e do Vosso povo de Israel." Santos Anjos, que estais eternamente cantando as glórias do Altíssimo Senhor Deus! Arcanjo São Miguel, que triunfastes e vencestes as potências infernais! Anjo São Rafael, previdente guia do jovem Tobias no deserto! Anjo São Gabriel, que anunciastes a Virgem Maria a concepção do Filho, Verbo de Deus-Pai! Luminares acesos, por todos os séculos dos séculos, em volta do trono do Altíssimo, que para sempre seja louvado. Anael, Azrael, Gamaliel, Samuel, Zacariel, Uriel, sete espíritos puros, sete luzeiros, hierarquias celestes, sede minha luz, minha proteção, minha força, minha coragem, para que enfrente todos os males, todas as adversidades, todos os inimigos. Afugentai de mim, de minha casa, de minha família, os espíritos do mal, os invejosos, os malfeitores, os hipócritas e os interesseiros. Serafins, Querubins, Tronos, Dominações, Potestades, Arcanjos e Anjos, afastai de mim, de minha família, de minha casa os espíritos enviados por Satanás. Os espíritos tentadores, que nos desviam do caminho do bem e nos arrastam à perdição eterna. Que assim seja!

ORAÇÃO AO ANJO DA GUARDA (DE OUTREM)

Quando alguém lhe tem inimizade, ou qualquer pessoa lhe devote ódio, ira ou rancor, para amansá-lo, acenda uma vela branca para o anjo da guarda dessa pessoa e diga a seguinte oração:

Anjo da guarda de [diga o nome da pessoa], aplaca o ódio, a ira ou o rancor do teu protegido, para que não me faças nenhum mal, não me prejudique e não me atormente com suas emoções inferiores, próprias da fraqueza humana. Não sei a causa do seu ressentimento ou de seu furor contra mim. Talvez seja antipatia fútil de causa desconhecida. Julga ele por motivos ignorados, que seja eu seu inimigo, e por esse ou outro motivo, que não sei bem ao certo, procura descarregar sua tensão emocional contra mim. Tu que és seu anjo protetor, ajude-o a vencer essa crise aguda, essa fase negativa; se for fraqueza de nervos debilidade mental, antipatia sem motivos ou ira passageira, acalme-o fazendo ver em mim uma pessoa simpática que lhe quer bem, para sermos bons amigos, pois eu preciso dele. Anjo da guarda de [diga o nome da pessoa], aceite esta vela que te ofereço carinhosamente como prova de minha confiança e devoção: que ele, ao deparar-se comigo, o faça com bondade, respeito, amor e simpatia; para que, juntos, possamos, amistosamente, realizar nossos objetivos, sem mágoas, rancores ou ressentimentos recíprocos para o bem de nós dois. Que assim seja! Amém!

ORAÇÃO AOS SANTOS ANJOS

Santo Anjo do Senhor, meu zeloso guardador, se a ti me confiou a piedade divina, sempre me rege, me guarde, me governe e me ilumine. Amém.

Oração ao Arcanjo Gabriel

Gabriel é o Anjo da Anunciação, foi ele que avisou Daniel da vinda do nosso Salvador. Foi ele também que visitou a Virgem Maria e lhe explicou que ela era a escolhida para conceber Jesus Cristo. Gabriel é o revelador de boas novas. Quando precisar de um milagre, recorra a Gabriel, que ele lhe atenderá.

> Anjo da encarnação, fiel mensageiro de Deus, que abriu nossos ouvidos até para as mais leves admoestações e toques da graça do coração de Nosso Senhor. Permanecei sempre conosco, nós vos suplicamos, para que compreendamos devidamente a palavra de Deus, sigamos suas inspirações e, docilmente, cumpramos aquilo que Deus quer de nós. Fazei que eu esteja sempre pronto e vigilante, para que o Senhor, quando Ele chegar, não nos encontre dormindo. Amém!

SANTAS E SANTOS

Oração a Santa Ana

Santa Ana, mãe de Maria de Nazaré, esposa de São Joaquim e avó de Jesus. Ana era estéril, a gravidez de Maria foi um verdadeiro milagre.

> Senhora Sant'Ana, vós que fostes escolhida para trazer ao mundo a Rainha dos Anjos, Maria Santíssima, concedei-me a graça de ver a paz voltar ao meu lar. Auxiliai-me, Santa Ana, com o vosso patrocínio. Em vós confia o meu coração. Vigiai os caminhos que conduzem à minha casa. Fechai as portas do meu lar aos intriguistas, aos maldizentes, aos invejosos, aos falsos amigos. Afastai a necessidade, as tristezas, os mal-entendidos, a desunião. Protegei a todos os que habitam sob este teto, fazendo-os prosperarem no seu trabalho, livrarem-se das tentações do mundo, trilharem sempre o caminho da honestidade e do dever. Senhora Sant'Ana, vós que sempre vivestes em paz e em harmonia com o vosso esposo, São Joaquim, atendei a minha prece, concedendo-me a graça de estar no meu lar, em constante harmonia com todos os meus, com todos os que vivem na minha companhia. Senhor, Deus, Criador do Céu e da Terra, Vós que Vos dignastes conceder à Senhora Sant'Ana a graça de gerar a Mãe de Nosso Senhor Jesus Cristo, concedei-me que, por intermédio da esposa de São Joaquim, sintamos o efeito da sua milagrosa intercessão e da sua bênção sobre o meu lar.

Oração a Santa Bárbara

Assassinada pelo pai por ter se convertido a fé cristã, ficou conhecida por, no momento de sua morte, um raio ter riscado o céu e um enorme trovão ter sido ouvido pelo povo. Para o assombro de todos, o corpo de Dióscoro, seu pai e assassino, caiu ao chão sem vida, atingido por esse raio.

> A beleza de divina Santa Bárbara, tu és mais forte que a violência dos furacões e o poder das fortalezas. Fazei com que os raios não me atinjam, os trovões não me assustem. Ficai sempre comigo, para me dar forças. Conservai meu coração em paz. Que em todas as lutas da vida eu saiba vencer sem humilhar ninguém. Conservai serena a minha consciência. E que eu possa cumprir da melhor maneira os meus deveres. Santa Bárbara, minha protetora, ensinai-me a louvar a Deus no fundo do meu coração. Intercedei junto a Ele, quando eu me encontrar em meio a tempestades. Ele que é o criador e senhor de toda a natureza. Alcançai dele, para todos nós, a proteção nos perigos. E alcançai, para todo o mundo, a paz, fazendo desaparecer todo rancor e toda guerra. Santa Bárbara, rogai por nós e pela paz dos corações, das famílias, das comunidades, das nações e do mundo inteiro. Assim seja. Amém.

Oração a Santa Bebiana

Nascida em Roma, seus pais foram martirizados pela perseguição do Imperador Juliano. Por ter resistido as tentações após a morte dos seus pais, Bibiana foi chicoteada até a morte. É considerada a protetora dos epiléticos. Posteriormente foi chamada de Santa Bebiana e consagrada popularmente como santa dos bêbedos.

> Gloriosa virgem e mártir, Santa Bibiana, que soubestes corresponder tão bem à educação cristã recebida no seio familiar e que, pelo exemplo dos vossos santos pais, encontrastes forças para defender com heroísmo cristão a verdadeira fé, inabalável aos cruéis tormentos e perseguições que sofreste, dirigi a nós vosso compassivo olhar. Ó, Santa Bibiana, pelo martírio provastes vosso amor a Jesus Cristo e és venerada como protetora das pessoas que tem males da cabeça, e ao rezarmos esta oração vos pedimos que por vossa intercessão, o senhor todo poderoso nos abençoe e proteja. Que seu olhar misericordioso nos dê a paz e a serenidade. Derrame sobre nós copiosas graças e depois desta vida, aceite-nos no Céu em vossa companhia e de todos os santos. Amém.

Oração a Santa Catarina

Catarina se converteu ao Cristianismo ao ter uma visão na qual ela se casava com Jesus Cristo. Foram contratados 50 filósofos para rebater seus argumentos e, como resultado final, prevaleceu sua inteligência e conhecimento; todos os filósofos se converteram. Esse episódio deixou o Imperador Maxêncio muito abalado, e ele ordenou que todos os convertidos fossem queimados vivos e que Catarina fosse presa. No momento de sua maior tortura, um raio caiu sobre a roda que ela seria atada, e matou seus executores.

> Santa Catarina, Clara e Divina, vós, que entrando numa cidade encontraste mil homens, todos bravos como leões e, com uma simples palavra amansastes o coração de todos eles, querida Santa Catarina, amansai o coração de [dizer o nome da pessoa] para que tenha olhos e não me veja, tenha boca e não me fale, tenha pernas e não me alcance e fique paralisado como pedra, nada podendo fazer contra mim e nada podendo fazer contra meus entes queridos. Querida Santa Catarina, faço essa oração com muita fé em meu coração e espero que vós possais me atender.

Oração a Santa Clara

Filha espiritual de São Francisco de Assis, Clara foi a fundadora das Clarissas. Conta a tradição, que antes de seu nascimento, Deus revelou à sua mãe que ela teria uma brilhante luz, que iluminaria o mundo inteiro. Por isso, sua filha foi batizada com o nome de Clara, que significa luminosa, resplandecente.

> Santa Clara, que seguistes de perto São Francisco, na vida de pobreza e no amor ao próximo e de Deus, olhai carinhosa para o mundo de hoje, tão necessitado de vossa proteção. Ouvi o meu pedido e concedei-me a graça que vos peço, com fé e confiança.
>
> Como verdadeiro necessitado, rogo-vos que me alcanceis de Cristo a saúde espiritual e corporal, para mim e meus familiares. Sobretudo, peço a vossa ajuda para o problema que me aflige [especificar o problema]. Atendei-me, Santa Clara, pela força que tendes junto a Deus e pela fé que me faz buscar a vossa proteção. Amém.

Oração a Santa Helena

Santa Helena, mãe do Imperador Romano Constantino Magno, recebeu do filho o título de "Mulher Nobilíssima". Depois disso, ainda recebeu a mais alta honra que uma mulher poderia receber em Roma: o título de "Augusta". Foi ela que encontrou a Cruz de Cristo. Sua generosidade era grande. Ela ajudava especialmente os pobres, a quem devotava grande amor. Santa Helena é a santa à qual devemos pedir proteção contra o fogo. Peça a ela proteção para manter o seu lar e a sua família em segurança e longe incêndios!

> Gloriosa Santa Helena, mãe do imperador Constantino, que recebeste a valiosa graça de descobrires o local onde estava oculta a Santa Cruz onde Nosso Senhor Jesus Cristo derramou o seu sagrado sangue pela redenção da humanidade.
>
> Eu vos peço, Santa Helena, defendei-me das tentações, dos perigos, das aflições, dos maus pensamentos e dos pecados. Guiai-me nos meus caminhos, dai-me força para suportar as provas que me forem impostas por Deus, livrai-me do mal. Assim seja.

Oração a Santa Iria

Iria foi educada em um mosteiro. Um dia, quando saiu em peregrinação, foi vista por Britaldo, um príncipe trovador, que por ela se apaixonou. O jovem adoeceu de amor.

Iria foi vê-lo e o curou, mas com ele não se casou, prometendo a ele não se casar com mais ninguém. Iria cumpriu a promessa, mas o príncipe não acreditou e a matou. Seu corpo foi achado próximo ao rio Tejo. Desde então, reza a lenda que a cidade de Scalabis passou a se chamar cidade de Santa Iria — nome que mais tarde se transformou em Santarém. Sata Iria é padroeira das nascentes. Seu nome tem origem na forma popular de Irene, e vem do grego Eiréne, que significa "paz". Iria é chamada, portanto, de "a pacífica".

> Indo Santa Iria pelo mar afora, cheia de sol e calmaria, encontrou a Virgem Maria e perguntou como se curaria. A Senhora respondeu, com um pano de medina e um copo de água fria, um Pai-Nosso e uma Ave-Maria.

Oração a Santa Luzia

Acusada de ser cristã, Luzia foi condenada à morte. Os carrascos jogaram sobre ela resina e azeite fervendo, mas nada aconteceu à jovem. Então eles continuaram com o seu martírio e lhe arrancaram os olhos.

Daí vem a devoção a Santa Luzia como protetora dos olhos. Antes de sua morte, Santa Luzia, ajoelhada em oração, disse: "Senhor, eis que suplico paz para a Igreja de Cristo".

> Ó, Santa Luzia, conservai a luz dos meus olhos para que eu possa ver as belezas da criação. Conservai também os olhos de minha alma, a fé, pela qual posso conhecer o meu Deus, compreender os seus ensinamentos, reconhecer o seu amor para comigo e nunca errar o caminho que me conduzirá para onde vós, Santa Luzia, vos encontrais, em companhia dos anjos e santos. Santa Luzia, protegei meus olhos e conservai minha fé. Amém.

Oração a Santa Margarida

Arrependida de uma vida mundana, Margarida, após a morte de seu amante, decide levar uma vida em penitência e clausura. Depois de ser traída por sua madrasta e expulsa da paroquia de sua região, Margarida procura os franciscanos e é aceita em sua Ordem Terceira.

Santa Margarida de Cortona foi agraciada com várias experiências religiosas e místicas, presenciadas e confirmadas por seus diretores espirituais franciscanos.

> Ó Deus, concedei-nos, pelas preces de Santa Margarida de Cortona, a quem destes perseverar na imitação de Cristo pobre e humilde, seguir a nossa vocação com fidelidade e chegar àquela perfeição que nos propusestes em vosso Filho. Por Nosso Senhor Jesus Cristo, vosso filho, na unidade do Espírito Santo. Amém.

Oração a Nossa Senhora Aparecida

Sempre que você se encontrar diante de uma difícil situação, em que suas forças e seus conhecimentos não são capazes de resolver, não caia em desespero. Peça ajuda a Nossa Senhora Aparecida.

Ó, incomparável Senhora de Aparecida. Mãe de Deus, rainha dos anjos, advogada dos pecadores, refúgio e consolação dos aflitos, livrai-nos de tudo o que possa ofender-vos e a vosso santíssimo filho, meu redentor e querido Jesus Cristo.

Virgem bendita, dê proteção a mim e à minha família contra as doenças, a fome, assaltos, raios e outros perigos que possam nos atingir. Atenda ao meu pedido [faça o pedido].

Soberana senhora, dirige-nos em todos os negócios espirituais e temporais. Livrai-nos das tentações do demônio para que, trilhando o caminho da virtude, pelos merecimentos de vossa puríssima virgindade e o preciosíssimo sangue de vosso filho, vos possa ver, amar e gozar da eterna glória, por todos os séculos. Amém!

ORAÇÃO A NOSSA SENHORA RODA DOS MONTES

Nos primeiros tempos do cristianismo, segundo contam, a imagem da Virgem foi levada a Barcelona. Tempos depois, para proteger a imagem da invasão sarracena, os cristãos a esconderam em uma serra escarpada, cuja forma se assemelha a uma serra de agudos dentes.

Quase dois séculos depois, devido a um sinal percebido por alguns pastores, o bispo e o prefeito de Barcelona subiram a serra e encontraram a imagem toda enegrecida pelo tempo, mas intacta. No Brasil, a Nossa Senhora do Monte Serrat se tornou a padroeira da cidade de Santos.

Ó, clementíssima Virgem Maria, minha soberana Mãe, Augusta Senhora do Monte Serrat, venho lançar-me no seio da vossa misericórdia e coloco, desde agora e para sempre, a minha alma e o meu corpo debaixo da vossa salvaguarda e da vossa bendita proteção.

Confio-vos e entrego nas vossas mãos todas as minhas penas e misérias, bem como o curso e o fim da minha vida, para que, por vossa intercessão e vossos merecimentos, todas as minhas ações se dirijam e se disponham segundo a vontade de vosso Divino Filho, Nosso Senhor Jesus Cristo.

E que minha alma, depois desta vida, possa alcançar a salvação eterna. Ó, Mãe concebida sem pecado, rogai por nós, que recorremos a vós. Nossa Senhora do Monte Serrat, rogai por nós. Amém.

Oração a Santa Quitéria

Venerada por muitos cristãos, principalmente na Espanha, na França e também em Portugal, Quitéria é conhecida por ser padroeira de curas impossíveis. Pouco se sabe sua história, deixando a cargo dos antigos as suas manifestações. Em uma dessas histórias, foi revelado a Quitéria sua missão, que lhe fora transmitida por Nossa Senhora.

> Em nome do Pai, do Filho e do Espírito Santo. Santa Quitéria, esposa de Cristo, recebestes no Céu a coroa da glória eterna. Senhor meu Jesus Cristo, Vós concedestes a Santa Quitéria a dupla coroa do martírio e da virgindade, nós Vos suplicamos que assim como destes a Vossa serva o poder de derrotar o demônio e de converter muitas almas, assim pelos méritos dessa Vossa Santa, dignai-Vos, dai-nos a graça de, com a sua intercessão, estarmos defendidos das tentações do espírito das trevas.

Oração a Santa Teresa

Depois de ter ficado muito doente, Teresa foi tirada do convento em que vivia e foi curada pelo padre Francisco de Osuna, por meio da oração mental seguida pelo livro, "O terceiro alfabeto espiritual". Quando recuperou sua saúde, retornou ao Carmelo e recebeu a autorização de Roma para separar a ordem das carmelitas descalças (por usarem roupas rasgadas e sandálias ao invés de sapatos e hábitos), das carmelitas calçadas, ordem a que pertenciam. Santa Teresa deixou um grande legado para Igreja Católica.

> Ó, Santa Tereza de Jesus, vós sóis a mestra da genuína oração e nos ensinais a rezar conversando com Deus, Pai Filho e Espírito Santo. Ó, Santa Tereza, ajudai-nos a rezar com fé e confiança, sem nunca duvidar da bondade divina. Ajudai-nos a rezar com inteira conformidade de vossa vontade com a vontade de Deus, com insistente perseverança até alcançarmos aquilo que necessitamos. Ó Santa Tereza, fazei-nos fiéis a nossa oração da manhã e da noite, e a transformar em oração o cumprimento de nossas tarefas de cada dia. Que a oração seja para nós a porta de nossa conversão e santificação, a chave de ouro que nos abrirá as portas do Céu. Amém. Santa Tereza de Jesus, Rogai por nós.

Oração a São Afonso

Patrono dos confessores e dos teólogos de doutrina moral, Santo Afonso se destacou por sua caridade e bondade com os pobres e por levar conforto espiritual a todos. Ele era um grande pregador, suas palavras reconciliavam inimigos, orientavam os desnorteados, consolavam os aflitos e curava corações.

> Senhor, concedei-me pelos méritos de Santo Afonso Maria de Ligório, o dom do verdadeiro amor fraternal. Com Vossa Graça, ajudai-me, pois não quero mais julgar, condenar, desprezar, excluir. Que eu tenha humildade para aceitar os meus defeitos e procurar melhorá-los. Amém. Maria, Espelho da Justiça, rogai por nós.

Oração a São Albino

Eleito Bispo de Angers, Albino dedicou sua vida aos mais pobres e humildes, aos perseguidos e aos prisioneiros. Devido as suas intervenções, os incestos diminuíram drasticamente naquela época; um passo muito importante para a sociedade. Santo Albino também é protetor daqueles que sofrem de doenças renais.

> Senhor, por intercessão de Santo Albino, pedimos o verdadeiro zelo apostólico, principalmente em favor dos injustiçados e dos irmãos mais sofridos. Dai-nos a graça de expressar nossa fé em obras. Amém.

Oração a São Amaro

Santo Amaro foi educado por São Bento segundo a Ordem Beneditina. É o padroeiro dos transportadores e traz proteção e cura aos problemas dos ossos, às dores de cabeça, aos reumatismos, às gripes e à rouquidão.

> Ó Deus, concedei-nos, pelo exemplo de Santo Amaro, Abade, a graça de imitá-lo em toda a sua vida, para que possamos ser firmes nos caminhos do Cristo, pobre, humilde e obediente. Possamos, também, seguir a nossa vocação com fidelidade e chegar à perfeição que nos propusestes no Vosso Filho. Por Nosso Senhor Jesus Cristo, Vosso Filho, na unidade do Espírito Santo. Amém.

Oração a São Agostinho

Filho de Patrício e de Santa Mônica, Santo Agostinho foi o patrono da ordem religiosa agostiniana e um dos responsáveis pela concepção do pensamento cristão medieval e da filosofia patrística. Foi canonizado e transformado em "Doutor da Igreja", e é o patrono "dos que procuram Deus".

> Diante de Vós, Senhor, apresentamos o fardo dos nossos crimes e, simultaneamente, as feridas que por causa deles recebemos. Se pensarmos no mal que fizemos, é bem pouco o mal que sofremos e muito maior o que merecemos. Foi grave o que ousamos cometer e leve o que agora sofremos. Sentimos que é dura a pena do pecado e, no entanto, não nos decidimos deixar a ocasião dele. A nossa fraqueza geme esmagada sob o peso dos castigos com que nos punis justamente, e a nossa maldade não quer se desfazer dos seus caprichos. O espírito anda atormentado, mas a cerviz não se verga. A nossa vida suspira no meio das dores e não nos corrigimos. Se contemporizardes conosco, não nos emendamos, e se tirais de nós vingança, gritamos que não podemos. Se nos castigais, sabemos declarar que somos réus, mas se afastais por um pouco a Vossa ira, esquecemos logo o que deploramos. Se levantardes a mão, logo prometemos a emenda, se retirais a espada, já nos esquecemos da promessa. Se nos feris, gritamos que nos perdoeis, se nos perdoais logo entramos de Vos provocar. Tendes-nos aqui, Senhor, diante de Vós, confessamos os nossos pecados; se Vós não amerceais de nós, aniquilar-nos-á a Vossa justiça. Concedei-nos Pai onipotente, o que sem merecimento algum de nossa parte vos pedimos, Vós que nos tirastes do nada. Por Nosso Senhor Jesus Cristo. Amém.

Oração a São André

Considerado o padroeiro dos injustiçados e dos que precisam de luz em suas jornadas da vida, André foi um fiel seguidor das pregações, lições e ensinamentos de Jesus Cristo. Suas orações são para aqueles que clamam por justiça, por dignidade e pela preservação da verdade, tendo a honestidade em primeiro plano.

> Senhor Deus, Justo e Misericordioso, que pelo ministério do bem-aventurado Santo André, Apóstolo e Mártir, fizeste germinar a semente da Vossa Palavra, aceitai a minha prece e fazei que sintamos

os doces efeitos da intercessão do Vosso Apóstolo, junto a Divina Majestade. Santo André, protetor dos caluniados e processados injustamente, rogai por mim. Santo André, valei-me. Santo André, atendei-me. Pelo sangue de Nosso Senhor Jesus Cristo. Assim seja.

Oração a São Antão

Santo Antão foi tentado pelo demônio que o atacou quando jovem, molestando-o de noite e instigando-o de dia. Antão saiu vitorioso jejuando, orando e fazendo o sinal da cruz com perseverança. Ele conseguiu afastar os demônios, que rangeram os dentes, porque eram eles próprios que estavam ficando loucos.

> Querido Deus, Santo Antão Abade aceitou teu chamado para renunciar ao mundo e para te amar acima de todas as coisas. Ele te serviu fielmente na solidão do deserto com o jejum, a oração, a humildade e as boas obras. No sinal da cruz, triunfou sobre o diabo. Pela intercessão de Santo Antão Abade, possamos aprender a amar o Senhor com todos os nossos corações, todas as nossas almas, todas as nossas mentes, todas as nossas forças e amar ao próximo como amamos a nós mesmos. Santo Antão Abade, grande e poderoso santo, também nos conceda este pedido especial [formular o pedido]. Amém

Oração a São Antônio

Apesar da fama de "Santo Casamenteiro", Santo Antônio, um dos santos mais populares no Brasil, é considerado muito poderoso por conceder muitas graças. Ele é protetor das coisas perdidas. Protetor dos casamentos. Protetor dos pobres. É o Santo dos milagres.

> Eu te saúdo, pai e protetor Santo Antônio! Intercede por mim junto a Nosso Senhor Jesus Cristo a fim de que ele me conceda a graça que desejo [mencionar a graça]. Eu te peço, amado Santo Antônio, pela firme confiança que tenho em Deus a quem serviste fielmente. Eu te peço pelo amor do menino Jesus que carregastes em teu braço. Eu te peço por todos os favores que Deus te concedeu neste mundo, pelos inúmeros prodígios que Ele operou e continua operando diariamente por tua intercessão. Amém. Santo Antônio, rogai por nós.

Oração a São Brás

São Brás ficou conhecido por tirar, com uma oração, uma espinha da garganta de um menino que estava sofrendo e quase morrendo. A partir daí passou a ser considerado o patrono de todos os que sofrem com aflições da garganta.

Quando estamos com qualquer doença da garganta, ou do aparelho respiratório, ou engasgados, podemos pedir a proteção de São Brás, rezando a seguinte oração:

> [Fazer o sinal da cruz (†)] São Brás, que entregaste o Vosso espírito a Deus, em holocausto pela Vossa fé em Nosso Senhor Jesus Cristo, e que no momento de morreres, suplicando ainda extraíste uma espinha, atravessada na garganta de um inocente menino, eu Vos saúdo. São Brás, virtuoso, São Brás, meu amigo, São Brás, milagroso, estando comigo [fazer o (†) sobre a garganta] a doença ele espanta, o mal vai tirar, a minha garganta São Brás vai sarar. [Repetir (†) sobre a garganta]. Anginas doloridas, ou inflamação, são logo vencidas, por esta oração. [(†) sobre a garganta]. Por intercessão e merecimento do bem-aventurado São Brás, conceda-me Deus a cura deste mal de garganta. Assim seja.

Oração a São Bento

São Bento é conhecido pelos seus milagres e por vencer as tentações. Seus devotos costumam usar a medalhinha de São Bento para proteção. Considerado "o pai dos monges", foi ele o fundador da Ordem dos Beneditinos.

> Ó, glorioso patriarca São Bento, que vos mostrastes sempre compassivo com os necessitados, fazei que também nós, recorrendo à vossa poderosa intercessão, obtenhamos auxílio em todas as nossas aflições; que nas famílias reine a paz e a tranquilidade; que se afastem de nós todas as desgraças tanto corporais como espirituais, especialmente o mal do pecado. Ó, São Bento, atenda ao meu pedido [fazer o pedido] e alcançai do senhor a graça que vos suplicamos; finalmente, vos pedimos que ao término de nossa vida terrestre possamos ir louvar a Deus convosco no Paraíso. Amém!

Oração a São Caetano

Santo que levou a Sagrada Comunhão para pessoas com doenças contagiosas que estavam internadas em hospitais. Ele se uniu a um grupo de homens humildes e simples, que se dedicavam a ajudar os enfermos e os pobres. São Caetano é padroeiro dos desempregados, foi ele que fundou a Ordem dos Teatinos e foi também um dos primeiros promotores do Escapulário Azul.

> Glorioso São Caetano, aclamado por todos os povos, Pai de providência porque socorres com grandes milagres a quem te invoca em suas necessidades, recorro ao teu altar, suplicando-te que apresentes ao Senhor os desejos que confiantemente deposito em tuas mãos. [Pedir a graça] Faz com que esta graça, que agora te peço, me ajude a buscar sempre o Reino de Deus e sua Justiça, sabendo que Deus, que veste de beleza as flores do campo e alimenta com a grandeza as aves do céu, me dará as demais coisas por consequência. Em nome de Jesus. Amém.

Oração a São Cristóvão

Peça a proteção de São Cristóvão sempre que for dirigir, mesmo em pequenos percursos, pois ele é o padroeiro dos motoristas e viajantes. Diz a Lenda que, certo dia, Reprobus, que era o verdadeiro nome de São Cristóvão, fez a travessia de uma criança por um rio muito perigoso. A criança ficava cada vez mais pesada, de tal maneira que ele sentia como se o mundo inteiro estivesse sobre os seus ombros. Após a travessia, a criança se revelou ser Jesus Cristo, o Redentor do mundo. Daí provém o nome Cristóvão, que significa "o condutor de Cristo".

> Ó São Cristóvão, que atravessastes a correnteza furiosa de um rio com toda a firmeza e segurança, porque carregava nos ombros o Menino Jesus, fazei que Deus se sinta sempre bem em meu coração, porque então eu terei sempre firmeza e segurança no guidão do meu carro e enfrentarei corajosamente todas as correntezas que eu encontrar, venham elas dos homens ou do espírito infernal. São Cristóvão, rogai por nós. Amém.

Oração a São Expedito

Considerado o "Santo das causas justas e urgentes", Santo Expedito foi um mártir da fé. Ele comandou a 12ª Legião Romana e foi um generoso soldado. Em defesa da fé cristã, Expedito lutou até o fim, mesmo depois de ser flagelado até derramar sangue.

> Santo Expedito das causas justas e urgentes, socorrei-me nesta hora de aflição e desespero, intercedei por mim junto ao Nosso Senhor Jesus Cristo. Vós, que sois um Santo Guerreiro. Vós, que sois o Santo dos Aflitos. Vós, que sois o Santo dos Desesperados. Vós, que sois o Santo das Causas Urgentes. Protegei-me, ajudai-me, dai-me força, coragem e serenidade. Atendei ao meu pedido [pedir a graça desejada]. Ajudai-me a superar as horas difíceis, protegei-me de todos que possam me prejudicar. Protegei a minha família, atendei ao meu pedido com urgência. Devolvei-me a paz e a tranquilidade. Serei grato pelo resto de minha vida e levarei seu nome a todos que tem fé. Santo Expedito, rogai por nós. Amém.

Oração a São Francisco

Padroeiro dos animais e da ecologia, São Francisco é um dos Santos mais poupares da Igreja Católica. Foi admirado pela sua bondade com todos os seres vivos e por seu voto de pobreza, humildade e liberdade religiosa. Coube a ele, em 1223, a ideia da criação do primeiro Presépio com animais vivos, no dia de Natal, uma tradição que permanece viva até os dias hoje.

> Senhor, fazei de mim um instrumento da Vossa paz. Onde houver ódio, que eu leve o amor. Onde houver ofensa, que eu leve o perdão. Onde houver discórdia, que eu leve a união. Onde houver dúvidas, que eu leve a fé. Onde houver erro, que eu leve a verdade. Onde houver desespero, que eu leve a esperança. Onde houver tristeza, que eu leve a alegria. Onde houver trevas, que eu leve a luz. Ó, Mestre, fazei que eu procure mais: consolar, que ser consolado; compreender, que ser compreendido; amar, que ser amado. Pois é dando que se recebe. É perdoando que se é perdoado. E é morrendo que se vive para a vida eterna.

Oração a São Frutuoso

A esse Santo recorrem as pessoas que sofrem fraturas e luxações. No passado, a sua devoção por parte do povo que o considerava santo estava ligada à fertilidade.

> Carne trilhada, nervo torcido, ossos e veias e cordoveias, tudo isso eu coso, com o louvor de São Frutuoso.

Oração a São Inácio

Santo Inácio é padroeiro daqueles que estão nos hospitais e que terão de passar por qualquer tipo de cirurgia. Foi ele que fundou a Companhia de Jesus, promovendo uma revolução ideológica na Igreja Católica pela ascensão dos Jesuítas.

> Alma de Cristo, santificai-me. Corpo de Cristo, salvai-me. Sangue de Cristo, inebriai-me. Água do lado de Cristo, lavai-me. Paixão de Cristo, confortai-me. Ó bom Jesus, ouvi-me. Dentro das vossas chagas, escondei-me. Não permitais que de Vós me separe. Do espírito maligno, defendei-me. Na hora da minha morte, chamai-me. E mandai-me ir para Vós, para que vos louve com os vossos Santos, por todos os séculos. Amém.

Oração a São Joaquim

São Joaquim, o padroeiro das avós, foi casado com Santa Ana. Eles são os pais da Virgem Maria, portanto, avós de Jesus.

> Ó, Beatíssimos pais da Mãe de Deus, São Joaquim e Sant'Ana, nós vos saudámos e bendizemos com devoção e amor. Alegramo-nos de todo o coração pela vossa glória e por aquele sublime privilégio pela qual Deus vos escolheu para serdes os pais da Mãe de Deus, Maria Santíssima. Rogai por nós a Jesus e a Maria para que nós os agrademos em tudo. Tende piedade de nós como os pais têm de seus filhos. Nós vos pedimos do fundo do coração para que intercedeis ao vosso divino Neto para que nos ajude na nossa caminhada e ilumine os nossos espíritos. Sede nossos consoladores na vida e na morte. Assisti-nos na nossa última agonia, para que dignamente recebamos os santos sacramentos da Igreja e, partindo deste mundo com o coração contrito, possamos chegar ao céu.

Oração a São Jorge

Jorge recebeu, ainda jovem, o título de Conde da Capadócia, mas o imperador Diocleciano, furioso por ele ter se convertido a fé cristã, depois de torturá-lo sem resultados, mandou degolá-lo. São Jorge é padroeiro dos soldados e dos cavaleiros, dando-lhe a alcunha de "Santo Guerreiro".

> Chagas abertas, Sagrado Coração, todo amor e bondade, que o sangue de Jesus Cristo no meu corpo se derrame, hoje e sempre. Eu andarei vestido e armado com as armas de São Jorge, para que meus inimigos, tendo pés, não me alcancem; tendo mãos, não me peguem; tendo olhos, não me enxerguem e nem em pensamento me possam fazer o mal. Arma de fogo o meu corpo não alcançará; facas e lanças se quebrarão, sem ao meu corpo chegar; cordas e correntes se arrebentarão, sem o meu corpo amarrarem. Jesus Cristo, proteja-me e defenda-me com o poder da sua santa e divina graça; que a Virgem Maria de Nazaré me cubra com o seu manto sagrado e divino, protegendo-me em todas as minhas dores e aflições. E Deus, com a Sua divina misericórdia e grande poder, seja meu defensor contra as maldades e as perseguições dos meus inimigos. Glorioso São Jorge, em nome de Deus, em nome de Maria de Nazaré, em nome da falange do Divino Espírito Santo, estenda-me o seu escudo e as suas poderosas armas, defendendo-me com a sua força e a sua grandeza, do poder dos meus inimigos carnais e espirituais, e de todas as más influências. E que, debaixo das patas do vosso fiel ginete, meus inimigos fiquem humildes e submissos a vós, meu glorioso São Jorge, sem se atreverem a ter um olhar sequer que me possa prejudicar. Que assim seja, com o poder de Deus, de Jesus e da falange do Divino Espírito Santo. Amém!

Oração a São José

Esposo da Virgem Maria e pai adotivo de Jesus Cristo, São José é a expressão da bondade e da tolerância. Como carpinteiro, ele sustentou sua família com dignidade e exemplo. É o padroeiro dos trabalhadores e, pela fidelidade a sua esposa e dedicação paternal a Jesus, foi nomeado padroeiro das famílias.

> A vós recorremos, ó, bem-aventurado São José, em nossas tribulações e depois de ter implorado o auxílio de vossa Santíssima Esposa,

cheios de confiança, solicitamos também a vossa proteção. Por esse laço sagrado de caridade que vos uniu à Virgem Imaculada, Mãe de Deus e pelo amor paternal que tivestes para com o Menino Jesus, ardentemente suplicamos que lanceis um olhar benigno sobre a herança que Jesus Cristo conquistou com o seu sangue, e nos assistais em nossas necessidades, com o vosso auxílio e poder. Protegei, ó, guarda providentíssimo da Sagrada Família, a raça eleita de Jesus Cristo. Afastai para longe de nós, ó, Pai amantíssimo, a peste do erro e do vício. Assisti-nos do alto do Céu, ó, nosso fortíssimo sustentáculo, na luta contra o poder das trevas, e assim como outrora salvastes da morte a vida ameaçada do Menino Jesus, defendei agora a Santa Igreja de Deus, das ciladas dos seus inimigos, e de toda a adversidade. Amparai a cada um de nós com o vosso constante patrocínio, a fim de que, a vosso exemplo e sustentados com o vosso auxílio, possamos viver virtuosamente, morrer piedosamente e obter no Céu a eterna bem-aventurança. Amém.

Oração a São Judas Tadeu

Judas significa "Deus seja louvado". Judas Tadeu era filho de Cléofas (irmão de São José) e de Maria de Cléofas (irmã de Nossa Senhora), e irmão de Tiago e Simão, portanto, primo de Jesus e um dos seus Apóstolos. Não confundir com Judas Iscariotes. São Judas Tadeu é conhecido como o "Santo das causas perdidas".

São Judas Tadeu, apóstolo escolhido por Cristo, eu vos saúdo e louvo pela fidelidade e amor com que cumpristes vossa missão. Chamado e enviado por Jesus, sois uma das doze colunas que sustentam a verdadeira Igreja fundada por Cristo. Inúmeras pessoas, imitando vosso exemplo e auxiliadas por vossa oração, encontram o caminho para o Pai e abrem o coração aos irmãos se descobrem forças para vencer o pecado e superar todo o mal. Quero imitar-vos, comprometendo-me com Cristo e com sua Igreja, por uma decidida conversão a Deus e ao próximo, especialmente o mais pobre. E, assim convertido, assumirei a missão de viver e anunciar o Evangelho, como membro ativo de minha comunidade. Espero, então, alcançar de Deus a graça que imploro confiando na vossa poderosa intercessão. [Faça o pedido da graça a ser alcançada]. São Judas Tadeu, rogai por nós. Amém.

Oração a São Libório

Santo invocado contra todos os males urinários, problemas de bexiga, cálculos renais ou cólicas de rins. Segundo a lenda, após a sua morte, vários milagres ocorreram diante de sua tumba.

> Bem-aventurado São Libório, rogo-vos a vossa intercessão junto ao onipotente para que este vosso contrito devoto não seja atormentado por males de bexiga, cálculos, areia, frouxidão ou retenção de urina. Senhor Deus, que vos dignastes conceder ao vosso bem-aventurado São Libório o poder de curar os males da bexiga nós vos rogamos pelos méritos do Vosso santo, que o vosso servo [nome da pessoa] se veja livre dos tormentos que o afligem. São Libório curai [nome da pessoa]. São Libório socorrei [nome da pessoa]. São Libório protegei [nome da pessoa].

Faça o sinal da cruz e reze três Pai-Nossos à Santíssima Trindade.

Oração a São Martinho

O Santo do inverno que traz de volta o verão. Em um ato generoso, Martinho rasgou a própria roupa e dividiu com um mendigo. O mendigo era Jesus e o tempo frio melhorou, foi um sinal dos céus, um milagre.

> Glorioso São Martinho, nosso amigo e protetor, que ao dividir vosso manto com o mendigo que padecia de frio na neve encontrastes o próprio Senhor Jesus, ajudai-nos a saber partilhar o que temos com os mais empobrecidos que encontramos em nosso caminho, principalmente as crianças mais abandonadas, reconhecendo nelas a imagem de nosso divino mestre. Ó, bom Jesus, por intercessão de São Martinho, dai-nos os dons da caridade e do amor fraterno que nos fazem servir com desprendimento aos vossos filhos mais excluídos dessa terra. Amém.

Oração a São Onofre

Santo considerado padroeiro dos tecelões e protetor do alcóolatras. Recorre-se a ele também para obter fartura. De acordo com a crença popular, nunca faltará dinheiro ao devoto que sempre deixar algumas moedas junto à imagem de Santo Onofre e rezar pedindo por sua intercessão.

Meu glorioso Santo Onofre, que pela Divina Providência fostes vós santificado e hoje estais junto de Deus. Assim como pedistes três graças a Jesus Cristo eu vos peço quatro graças, glorioso Santo Onofre. Assim como Cristo vos atendeu, atendei-me nas graças que vos quero pedir [fazer o pedido]. Vós que fostes o pai dos solteiros, sede meu pai. Vós que fostes o pai dos casados, sede meu pai. Meu glorioso Santo Onofre, pelas chagas de Cristo. Pelas sete dores da mãe Santíssima. Pela Santa Cruz, eu vos peço: atendei-me nas graças que acabo de pedir, para ter o coração em paz e os bens terrenos de que necessito. Amém.

Oração a São Pedro

Padroeiro dos pescadores, Santo Pedro é capaz de abrir nossos caminhos, tanto para os céus quanto para aquilo que sonhamos em nossa vida terrena.

Glorioso apóstolo São Pedro, com suas sete chaves de ferro abra as portas dos meus caminhos, que se fecharam diante de mim, atrás de mim, a minha direita e a minha esquerda. Abra para mim os caminhos da felicidade, os caminhos financeiros, os caminhos profissionais, com as suas sete chaves de ferro e me dê a graça de poder viver sem os obstáculos. Glorioso São Pedro, tu que sabes de todos os segredos do Céu e da Terra, ouve a minha oração e atende a prece que vos dirijo. Que assim seja. Amém.

Oração a São Simão

Santo das situações difíceis. Um dos apóstolos de Jesus, foi chamado também de "Cananeu", por ter vindo da Cananeia, e de Simão, o Zelote.

Simão, apóstolo de Jesus, entra em meu coração, ilumina minha vida com a luz da tua fé. Ensina-me, como vós, a amar Jesus e a seguir suas leis de amor, caridade e verdade. Coloca em meu coração a paz e a paciência, e equilibra meu espírito. Ó, São Simão apóstolo, fazei com que eu tome sempre as decisões certas, livrai-me das dúvidas e das incertezas, faça com que eu possa compreender e servir o meu próximo. São Simão, eu [diga seu nome completo] vos peço [faça seu pedido]. Esclarece minha alma se esse é o melhor para mim. E se não for, dê-me a compreensão necessária para aceitar os desígnios de Deus. Amém.

Oração a São Tiago

São Tiago foi primo de Jesus e um dos doze Apóstolos. Conhecido como Santiago de Compostela, é padroeiro dos cavaleiros e dos peregrinos.

> Apóstolo São Tiago, escolhido entre os primeiros, tu foste o primeiro a beber no cálice do Senhor, e és o grande protetor dos peregrinos; faz-nos fortes na fé e alegre na esperança. Em nosso caminhar de peregrino, seguindo o caminho da vida de Cristo, alenta-nos para que, finalmente, alcancemos a glória de Deus Pai. Que assim seja. Amém.

Oração a São Valentim

Defensores dos namorados, dois padres de mesmo nome foram mártires no século 3. O "Dia dos Namorados" em diversas partes do mundo é chamado de *Valentins day* ou, "Dia dos Valentins". Porém, em muitos países, o Dia de São Valentim não é apenas o Dia dos Namorados, é o dia de declarar seu amor para as pessoas ao seu redor: até pais e filhos trocam cartões nesse dia!

> São Valentim, que semeastes a bondade, o amor e a paz na Terra, sede meu guia espiritual. Ensinai-me a aceitar os defeitos e as falhas do meu companheiro e ajudai-o a reconhecer as minhas virtudes e vocações. Vós, que compreendeis os que se amam e desejam ver a união abençoada por Cristo, sede nosso advogado, nosso protetor e nosso abençoador. Em nome de Jesus, amém!

Oração a São Wolfgang

O Santo que fez pacto com o Diabo para construir uma igreja. Padroeiro dos carpinteiros, dos escultores de madeira e de pessoas com paralisia, epilepsia e doenças do estômago. Wolfgang foi bispo de Regensburg, na Baviera, e é considerado um dos três grandes santos da Alemanha do século 10.

> Senhor, luz dos fiéis e pastor das almas, que destes à vossa Igreja (o bispo) São Wolfgang para apascentar o vosso povo com a sua doutrina e o iluminar com o exemplo da própria vida, fazei que, por sua intercessão, perseveremos na fé que ele ensinou com a sua palavra e sigamos o caminho que ele mostrou pelo seu exemplo. Por Nosso Senhor. Amém!

CAPÍTULO 10

Praticando o Benzimento

Benzimentos ou benzeduras são atos de benzer, de abençoar para proteger quem necessita. Quem benze entrega muito da sua energia a quem dela precisa. É por isso que esses rituais misturados de fé e de superstição conseguem ser bastante eficazes quando o bento coloca aí toda a sua força e a sua concentração.

O benzimento se aprende dentro de uma tradição na qual quem sabe e foi preparado, ensina a quem precisa – independentemente de crença ou religião. Sendo assim, o benzimento é livre a qualquer pessoa que queira aprender.

As orações que vimos no capítulo anterior estão intimamente ligadas ao processo de benzimento, tendo como propósito invocar os santos a protegerem contra o mal que possa estar infligindo a pessoa, conforme seu patronato. Nas rezas em que são citados os nomes dos santos ou santas, o leitor pode fazer o benzimento e, antes ou depois, como intuir, fazer a oração correspondente.

Para realizar o benzimento, faz-se o sinal da cruz sobre a pessoa, animal ou objeto, recitando orações diversas com o objetivo de consagrá-los ao divino e de pedir intercessão de cura e de proteção e ainda abençoar.

Torne-se você também um bento e venha descobrir a herança que os seus ancestrais lhe deixaram de presente.

BENZIMENTO A DISTÂNCIA

Antes de começar a realizar os benzimentos, o leitor deve saber que pode e deve ajudar as pessoas mesmo a distância, caso elas necessitem. Para isso, concentre-se, faça uma oração de sua preferência e siga os seguintes passos: coloque em cima de uma mesa: um prato branco, um copo de água mineral sem gás e um pires com um pouco de azeite de oliva. Escreva o nome da pessoa a ser benta em um papel e coloque embaixo do prato. Despeje a água no prato. Molhe as pontas do dedo no azeite que está no pires e vá aspergindo em cruz na água e dizendo:

> Deus Pai, Senhor do alto do altíssimo, na sua glória e na sua força, clamo por Santa Helena, senhora da cruz perdida, e peço por esse irmão que se encontra em dificuldades; que essas dificuldades sejam amenizadas.
>
> Peço também pela saúde deste irmão, e que todo mal impregnado e enraizado em seu corpo físico e espiritual, seja transmutado em saúde, prosperidade, harmonia e paz. Pela cruz que foi encontrada, pela cruz que foi ocultada, que tudo que esteja cruzado seja descruzado, tudo que esteja trancando seja destrancado, tudo que esteja atado seja desatado, tanto na matéria quanto no espírito. Aqui eu cruzo, aqui eu peço e aqui vai se cumprir em honra e glória ao divino criador. Amém!

Repita a oração três vezes e depois deixe o material descansar por 24 horas, jogando-o em água corrente na sequência (pode ser dentro de casa). Após lavar o prato, o copo e o pires, pode usá-los novamente.

BENZIMENTOS COM ALGUM OBJETO OU ELEMENTO

É um costume, no mundo das rezas, usar um objeto ou algum elemento para energizar ainda mais o benzimento. Porém, esses objetos devem ser consagrados antes da reza, trazendo, assim, uma energia mais pura.

Para realizar esse processo, vá a um local tranquilo, onde não será interrompido. Separe o objeto que será consagrado e as representações dos quatro elementos: sal grosso, vela, incenso e água, de preferência benta.

Coloque o objeto na sua frente, jogue um bocado de sal sobre ele e diga:

> Eu [diga seu nome] limpo este objeto, o purifico e o consagro com a força da Terra para realizar este benzimento.

Depois, acenda a vela, aproxime-a do objeto e fale:

> Eu [diga seu nome], limpo este objeto, o purifico e o consagro com a força do Fogo para realizar este benzimento.

Acenda o incenso e passe-o envolta do objeto dizendo:

> Eu [diga seu nome], limpo este objeto, o purifico e o consagro com a força do Ar para realizar este benzimento.

Jogue um pouco de água com as mãos no objeto e diga:

> Eu [diga seu nome], limpo este objeto, o purifico e o consagro com a força da Água para realizar este benzimento.

Finalize, dizendo:

> Está feito, pois esta é minha vontade!

Agora conheça alguns benzimentos realizados com objetos.

Benzimento com cruz, rosário ou terço

Consagre o objeto a ser usado e, com um deles na mão, vá cruzando o ar por todo o corpo da pessoa a ser benzida. Comece pela cabeça, depois vá para cada um dos ombros, depois o peito, as pernas e os pés e faça a seguinte oração.

> Por Deus Pai Criador e glória e poder em meu Senhor. Peço força, amparo e proteção a esse irmão. Peço que a partir de agora tudo que esteja cruzando o corpo, o caminho material e espiritual dessa pessoa, seja descruzado. Que tudo que esteja cruzando a prosperidade, a felicidade, a harmonia no lar e no trabalho seja descruzado. Peço que toda força negativa, todo ódio, toda inveja e todo olho gordo que esteja projetado sobre a vida, sobre o corpo físico e sobre o corpo espiritual desse irmão, a partir desse momento seja descruzado, seja desatado. E que todo o mal que aqui se tenha seja purificado, pela honra e pela glória, pela força e pelo poder. Amém!

Benzer a casa com água

Peça a um padre para benzer um litro de água mineral sem gás. Fure a tampa da garrafa e vá jogando a água e benzendo os cantos da casa em cruz enquanto fala:

> Pela força de Deus Pai, pela força de Nossa Senhora dos Navegantes eu vou limpando e purificando todo o mau que aqui encostou e toda a forma negativa que aqui está habitando, seja ela fluidificada, seja purificada, seja retirada. Amém!

Benzimento com faca

Faça uma oração em honra a São Jorge, pegue uma faca sem ponta e sem serra, faça uma breve consagração sobre ela e, enquanto cruza o ar em frente ao benzido, vá dizendo:

> Pela honra e pela glória de São Jorge, que com sua força, lança e espada corte todas as maldades, todas as dores do seu organismo. E que o escudo de São Jorge abra os caminhos e corte tudo que prejudica a vida espiritual desse irmão. Amém!

Benzimento com fita

Benzimento muito usado pelas mulheres de soldados. Eles iam para guerra, e elas costuravam o botão de suas camisa usando uma fita branca, uma linha branca e uma agulha virgem. Enquanto elas costuravam diziam:

> Aqui eu amarro a sua volta para casa, aqui eu vou prendendo o seu caminho de volta, que nada cruze com ele e que nem ninguém cruze o seu caminho.

Nos dias de hoje, pode ser usado para trazer a pessoa do trabalho com segurança para casa.

BENZIMENTOS COM ERVAS

A Arte do benzimento não existiria sem as ervas. Porém, alguns cuidados devem ser tomados no manuseio dessas ervas, além do conhecimento específico de cada espécie de planta e sua forma de uso. No capítulo 13 deste livro, você vai encontrar informações que vão lhe auxiliar com os benzimentos apresentados a seguir.

Benzimento com arruda ou alecrim

Pegue um ramo de arruda ou de alecrim, molhe em água benta e chacoalhe três vezes em direção à pessoa dizendo a seguinte prece:

> [Diga o Nome da pessoa] sentes mau-olhado ou olhos atravessados, eu te benzo, em nome do Pai, do Filho e do Espírito Santo. Eu te benzo com o santo da segunda-feira, da terça-feira, da quarta-feira, da quinta-feira, da sexta-feira, do sábado e do domingo. Deus te olhe e Deus te desolhe. Deus tire esse mau-olhado, que entre a carne e os ossos tens criado. Que saia dos ossos e vá para a pele e que dali saia e vá para o Rio Jordão, onde não faça mal a nenhum cristão. Em nome do Pai, do Filho e do Espírito Santo. Amém!

Benzimento com um galho de arruda

Pegue um galinho de arruda e, com ele, faça o sinal da cruz enquanto tiver rezando.

> [Diga o nome da pessoa] Deus te gerou, Deus te criou, Deus te livre de quem com maus olhos te olhou. [Diga o nome da pessoa] com dois te botaram, com três eu tiro, com os poderes de Deus e da Virgem Maria eu curo quebranto, olhado, olhos maus, olhos excomungados e feitiçaria.

Benzimento com três galhos de arruda

Pegue três galhos de arruda e coloque em forma de cruz sobre o peito do paciente deitado. Esta reza é levemente diferente da anterior, portanto, fique atento a quantidade de ramos a ser usado:

> [Diga o nome da pessoa] Deus te fez, Deus te formou e Deus te olhe quem mal te olhou. Se for olhado, quebranto ou pasmado, que ele seja tirado, e nas ondas do mar sagrado, que seja jogado. Que fique tão salvo, como na hora em que foi batizado. Com os poderes de Deus e da Virgem Maria.

Reze 3 Ave-Marias e jogue os galhos de arruda bem longe do paciente, de preferência numa encruzilhada.

Benzimento com ervas, frutas, legumes, folhas ou pimentas

Para cortar qualquer mal, reserve uma peça de fruta, legume, verdura, ervas ou pimenta de sua preferência. Com a pessoa a ser benzida sentada em um a cadeira, coloque um pano branco sobre ela (pode ser um lençol, um pano ou uma toalha), cobrindo-lhe todo o corpo, incluindo a cabeça. Coloque a peça escolhida sobre o colo do benzido. Em seguida, pegue uma faca (sem ponta e sem corte afiado), diga o problema que está incomodando a pessoa e vá benzendo e cruzando com a faca em cruz ao redor do corpo dela por três vezes, dizendo as seguintes palavras:

> Que seja cortado, que seja retirado.

Na sequência, dê mais uma volta ao redor da pessoa, pare em frente a ela e comece a cortar a peça em cima do seu colo, fazendo a seguinte oração:

> Pelo poder de Deus Pai Todo-Poderoso, na força de Santa Bárbara, na força de São Jorge e na força de Santo André. Aqui eu vou cruzando todo mal, todo olho gordo, toda inveja, todo problema, toda dificuldade, tudo de ruim que estiver acontecendo em sua vida espiritual e material.
>
> Que tudo que esteja trancado seja destrancado; tudo que esteja fechado seja aberto; tudo que esteja preso seja liberto; tudo que esteja atrapalhando no corpo físico seja purificado, seja eliminado seja retirado. Amém!

Após terminar de cruzar, pegue o material usado – fruta, legume, folha –, coloque em um saco plástico e jogue no lixo comum. Faça uma oração de agradecimento a Santa Bárbara, Santo Jorge e Santo André.

BENZIMENTOS PARA CRIANÇAS

Crianças costumam ser bastante suscetíveis a todo tipo de energia. Elas podem apresentar sensibilidade aguçada em relação à vibração energética tanto das pessoas quanto dos ambientes, em virtude de terem ainda a pineal aberta. Com isso, a possibilidade de serem afetadas por energias negativas é enorme. Segue alguns benzimentos que podem ajudar a afastar o mau das crianças.

Cura da Lua para criança

Quando as roupas das crianças ficam estendidas de noite, à luz da Lua, os pequenos ficam tristes e perdem o apetite, como se estivessem doentes, então é necessário rezar esta oração durante nove dias. Pegue a criança no colo e estenda-a em direção a Lua dizendo:

> Ó, Lua, que por aqui passastes e a graça da minha criança levastes; hás de por aqui passar, a graça da minha criança hás de deixar e a tua hás de levar.

Faça uma oração ao anjo da guarda da criança.

Para filho doente

Essa reza pode ser feita com a criança presente, ou com uma roupinha dela, ou a distância. A benzedeira diz o nome da criança e faz a seguinte oração:

> [Nome] dois olhos te olharam mal, mas três hão de te olhar bem, em nome de Deus Pai, do Filho e do Espírito Santo. Amém. Quando Nossa Senhora pelo Mundo andou, com Santa Margarida se encontrou e lhe perguntou: – Onde vais, Margarida? – Eu a Vossa busca ia. Tenho um filho doente de sol e de lua e de fito morreria. Com que o curarei eu, Senhora? – Nossa Senhora respondeu: – Com a cinza do lar o Mundo será salvo. A lua por aqui passou e a cor de Fulano levou, e a dela deixou. Ela há de tornar a passar, a cor de Fulano há de deixar, e a dela há de levar. Para as ondas do mar onde não ouça nem galos nem galinhas cantar, nem mãe por seu filho a clamar.

No final, benzedeira e paciente rezam um Pai-Nosso e uma Ave-Maria e oferecem a Nossa Senhora, a Santa Margarida e à Sagrada Paixão e Morte de Nosso Senhor Jesus Cristo.

Para tirar quebranto de criança com o Credo

Durante três dias o curandeiro reza três vezes o Credo, fazendo o sinal da cruz sobre a criança. Quando o benzedor começar a bocejar, diz as seguintes palavras:

> Deus te fez (†), Deus te criou (†), Deus te tire o mal que no corpo entrou (†).

Encerra com um Pai-Nosso e uma Ave-Maria.

Para tirar quebranto de criança com um ramo

Pegue um ramo de Oliveira (se não encontrar, pode ser qualquer outro), faça o sinal da cruz e recite as seguintes palavras:

Jesus, quando andou no mundo, para tudo ele rezou. Rezou para olhares de quebranto, que nessa criança deitou. Que desta criança o quebranto vá saindo, varridas com galho de Oliveira. Amém.

Após ter recitado essas palavras, reze em seguida um Credo, um Pai-Nosso, uma Ave-Maria, uma Salve-Rainha e acenda um incenso.

Para quando as crianças estão com diarreias, vômitos ou cólicas

Quando as crianças estão com fortes diarreias, vômitos, ou cólicas, pede-se a intervenção da Virgem Maria:

Jesus, que é o nome de Jesus, eu benzo este aflitado, este aluado, este encarniçado e este assombrado, em nome de Deus e da Virgem Maria. Amém.

Depois, passe a criança por um arco de uma igreja (porta, entrada) ao mesmo tempo em que murmura:

Virgem mãe de Deus, sois vós a Virgem e mãe de Deus, acudi a esta necessidade se acaso fores servida, sejais madrinha intercessora diante do vosso precioso filho.

Encerre com um agradecimento a Virgem Maria, um Pai-Nosso e uma Ave-Maria.

Para a criança embruxada

Quando a criança apresenta magreza extrema e palidez, diz-se que ela pode estar embruxada. Segurando as mãos da criança, faça seguinte reza:

Bruxa que bruxas, são? Freio na boca e rabicho na mão. Não entre nesta casa, nem nesta habitação. Deixe esta criança em paz, ela não lhe quer. É melhor que vá, la para as grossas areias, para a sua habitação, pois esta casa não é sua não. Esta criança é santa, e quem só aqui é habitado, é o filho de Deus Pai amado. Em nome do Pai, do Filho e do Espírito Santo. Amém!

No final, faça uma oração para o anjo da guarda da criança.

BENZIMENTOS PARA MAU-OLHADO, QUEBRANTO E OLHO GORDO

Desde tempos imemoriais que o homem tem sentimentos negativos que atribui ao comportamento de outros seres humanos. São os chamados olho gordo, mau-olhado ou quebranto. Mas qual é a diferença entre eles? *Quebranto*, segundo o dicionário *Houaiss,* é um estado de torpor, de cansaço, de languidez; suposta influência maléfica de feitiço ou por encantamento a distância. O *mau-olhado* é aquele olhar, intencional, ou não, que pode causar malefícios. Consisti em lançar maus pensamentos sobre alguém com quem não se simpatiza, ou por quem se nutria certa inveja (mal de inveja). Já o *olho gordo* é decorrente da inveja intencional, aquela em que uma pessoa vê o que você tem e deseja ter para si, ou ao menos que você não tenha.

Os três se assemelham tanto, que causa certa confusão, mas, basicamente, o mau-olhado e o olho gordo provocam, e o quebranto são os sintomas derivado deles.

A inveja, chamada também de "mau-olhado" ou "quebranto" pode provocar os efeitos dos mais variados, o que pode estagnar a nossa vida, refletir no nosso dia a dia, tornando o cotidiano numa série de coincidências desastrosas e esgotantes! As crianças, que são mais frágeis e vulneráveis, podem mesmo ficar tristonhas ou doentes sem razão aparente.

Uma pessoa pode perceber que está sendo alvo de um desses males quando surge, no seu dia a dia, contratempos ou problemas, cuja origem não se sabe explicar. Nesses casos, procure uma benzedeira que vai, numa primeira fase, analisar se realmente existe ali um mau-olhado.

Para identificar se a pessoa está com quebranto ou foi vítima de mau-olhado ou olho gordo, coloca-se água pura em um prato, pega um pedacinho de madeira, com uns 10 cm, e um prato com azeite. Em seguida, pegue o pauzinho, molhe ele no azeite e coloque sobre o prato com água, deixando cair ali 3, 5 ou 7 pingos. Observe: se o azeite se juntar todo, como uma bola grande, é sinal que não tem mau-olhado. Se o azeite se espalhar é sinal de que a pessoa está com mau-olhado, quebranto, inveja ou olho gordo.

Vamos ver agora alguns benzimentos sobre esse assunto.

Benzimento rápido para proteção

Essa simples oração ajuda muito na proteção contra mau-olhado.

Linda estrela da manhã, que por aqui anda guiada, que a toda hora do dia, e a pino do meio-dia, maus olhos não me possam ver.

Rezar um Pai-Nosso e uma Ave-Maria.

Com arruda ou com brasa e tesoura

Pegue um copo com água e um galho de arruda. Molhe o galho na água e vá benzendo a pessoa, deixe sua intuição fluir. O benzedor normalmente sabe quando deve parar.

Ao final, coloque o galho dentro do copo. Se o galho afundar, a pessoa estava cheia de quebranto. Leve a pessoa que está sendo benzida para fora de casa, vire-a de costas para a rua, se posicione de frente a ela, com as suas costas viradas para a casa, e jogue o galho por cima dos ombros dela [o galho ou ramo de arruda não deve ser grande nem pequeno, deve ter o tamanho suficiente para não sujar a rua].

Enquanto está benzendo diga:

Mal do ar, mal do mar, mal do fogo, mal da lua, mal das estrelas, mal do ponto do meio-dia, mal do ponto da meia-noite. Se tiveres com quebranto, mau-olhado, feitiçaria e bruxaria, em nome de Deus e da Virgem Maria, seja levado paras ondas do mar sagrado, onde não canta o galo nem a galinha e nem tem criancinha chorando e nem cristão batizado. Depois rezar um Pai-Nosso e uma Ave-Maria.

Esse benzimento pode ser feito também com um copo com água, uma tesoura de aço e uma brasa de fogão a lenha. Após ter realizado a reza, pegue uma brasa no fogão com a tesoura de aço e coloque dentro do copo com água da mesma forma que fez com o galho de arruda. Despache também da mesma forma.

Com azeite na testa

Após a benzedeira identificar o mau-olhado, como vimos anteriormente, ela molha o dedo no azeite e, ao mesmo tempo em que faz cruzes sobre a testa da pessoa doente, ela diz:

Os olhos atravessados que te atravessaram. Assim como as palavras do Santo Evangelho são três, eu me entrego à Santíssima Trindade, ao menino Jesus e a Santa de Bela Cruz.

Repete-se essas palavras três vezes, sempre acompanhadas com o sinal da cruz.

Com um galho ou um ramo

Com um galhinho ou um ramo recém-colhido de qualquer árvore, rezar três vezes o Pai-Nosso, três vezes a Ave-Maria e três vezes Glória ao Pai, que serão repetidos a cada vez que você fizer o benzimento. Enquanto reza, vá fazendo com o galho o sinal da cruz sobre a pessoa.

Não precisa passar o galho no corpo da pessoa, que estará sentada à sua frente e você em pé. Durante o benzimento, após fazer a limpeza inicial, diga:

> [Dizer aqui o nome da pessoa que você quer benzer], Deus te gerou, Deus te regenerou, olhado e quebranto, desse mal Deus te curou. Se for na tua gordura ou na tua formosura; nas tuas carnes ou na tua feiura; nos teus olhos ou nos teus cabelos; no teu comer ou na tua disposição; na tua boniteza ou no teu trabalho; na tua inteligência ou no teu bom sentido. Se for no teu pensamento, se for por inveja, se for por má vontade, que seja saído, que seja tirado. Pelo poder de Deus e da Virgem Maria Amém.

Após o benzimento, jogar o ramo longe da sua casa, de preferência em um jardim.

Contra inveja, bruxaria e energias negativas

Reza poderosa e antiga. Antes de fazer a reza, coloque três dentes de alho e um punhado de sal em uma bolsinha, que também será benzida, ao mesmo tempo que se benze a pessoa. A pessoa deverá dormir com essa bolsa com o sal e os alhos debaixo da sua almofada, durante 3 noites seguidas, após o benzimento. No quarto dia, pela manhã, jogue os três dentes de alho e o sal, atirando-o em forma de cruz no fogo (pode ser em um queimador ou em um recipiente que não seja inflamável). Durante o benzimento, esta oração deve ser rezada três ou nove vezes:

Santo Inácio das Loures é de santo e é de sado, é por santo fundado, e o Senhor Crucificado. Desorga! Desorga! Três vezes desorga! Bruxas feiticeiras, mal de inveja. Do corpo de uma pessoa para fora. Que não tenha que doer como elas. Nem em casa, nem na rua, nem por onde passear. Eu te benzo com a santa segunda. Eu te benzo com a santa terça. Eu te benzo com a santa quarta. Eu te benzo com a santa quinta. Eu te benzo com a santa sexta. Eu te benzo com o santo sábado. Eu te benzo com o santo domingo. Eu te benzo com as palavras que Deus Nosso Senhor benzeu o seu bendito Filho.

Contra embaraços por mau-olhado

Pegue um ramo de arruda, molhe em água benta e benza a casa da pessoa. Em seguida, cruze a pessoa embaraçada usando o ramo de arruda e recite a oração:

> Com dois eu te vejo, com três eu quebro encanto. A palavra de Deus e da Virgem Maria é quem cura quebranto. Cura mau-olhado e olho ruim, leve o que trouxeste para longe de mim. Deus, benza [nome da pessoa] com a Santíssima Cruz.
>
> Defenda esse filho de mau-olhado, de quebranto de macumba, de feitiço, de malefício e de todos os males que lhe fizeram. Quem está fazendo ferro? Quem está fazendo é o demônio. Eu sou o aço. Tu és o ferro, eu sou o aço, tu és o demônio e eu o embaraço, com os poderes de Deus, Jesus e a Virgem Maria.
>
> Em nome do Pai, do Filho e do Espírito Santo.

Mal de olhado

Usando a mesma técnica do benzimento com azeite, diga o nome da pessoa a ser benzida e a seguinte reza:

> Eu te benzo de olhado e de quebranto. Assim como tu és batizado, quero que tenhas fé em Jesus crucificado. Se for quebranto, olhado ou zipra, ou o que estiver no teu corpo encravado, Nossa Senhora que tire, e bote nas ondas do mar sagrado, aonde não chegue gente, nem cristão batizado. [Diga o nome da pessoa], eu te benzo, com as três palavras da Santíssima Trindade, se for quebranto, olhado, inveja, feitiço ou malefício, o que estiver no teu corpo encravado, Nossa Senhora que tire, em nome de Deus e da Virgem Maria.

Deus te gerou, Deus te criou, Deus que tire este mal que no teu corpo entrou. Sangue te pôs no corpo como Jesus Cristo no horto, sangue te pôs na veia como Jesus Cristo na ceia, sangue te pôs no lugar como Jesus Cristo no altar. Em nome de Deus e da Virgem Maria, esse teu mal nunca aumentaria.

São José, São Joaquim, desate esse cordão. Ou Nossa Senhora, que te deu o teu Divino Pão. Eu te benzo de olhado, de olhos ruins, de olhos invejosos, que olham para ti com maus olhos. Eu te benzo para que este olhado não entre no teu corpo. Eu mando o olhado, para as ondas do mar sagrado, onde não cante galo nem galinha, e aonde não vá cristão batizado. Eu te benzo com as três palavras da Santíssima Trindade. Pai, Filho e o Espírito Santo. Amém!

Fazer essa reza três vezes.

Para cortar o mau-olhado em qualquer situação

Pegue um prato com água e um galho pequeno. Molhe o galhinho na água e vá aspergindo a pessoa em forma de cruz e dizendo:

Senhora do Prado, tirai este quebranto, assim como Nossa Senhora a Seu Bento Filho amou, eu corto e descorto os olhos atravessados, que te invejaram ou praguejaram. Amém.

Repetia-se essas palavras de 5 a 9 vezes (sempre em número ímpar, e sempre acompanhados com o sinal da cruz). O prato deve ser limpo, deitando-se o seu conteúdo para o lume ou em uma encruzilhada.

Para depressão e cansaço

Quando uma pessoa anda deprimida, desanimada ou cansada, diz-se que lhe deitaram mau-olhado ou quebranto. Com um ramo de alecrim na mão, a arder, diga três vezes:

Virgem Mãe da Conceição, Mãe do Poderoso Deus, tirai este mal, este quebranto do corpo de [Nome]. Deus te fez, Deus te criou, Deus perdoa a quem mal te olhou.

Em louvor à Virgem Maria, rezar um Pai-Nosso e uma Ave-Maria.

Para espantar inveja

Faça essa reza três vezes enquanto cruza a pessoa com um ramo de Oliveira (ou qualquer outro) em cruz.

> [Nome completo], eu vou te benzer. Mas o que vai te curar são os poderes de Deus e da Virgem Maria. Eu te benzo de quebranto, mau-olhado, olho gordo, inveja, olho revirado. Com dois te puseram, com três eu tiro. Em nome do Pai do Filho e do Espírito Santo. Deus te gerou, Deus te criou, Deus te olhou. Que saia tudo o que te puseram e vá para o fundo do mar salgado. Vai quebrando, vai rasgando, vai levando, mas vai para onde o vento leva e não traz.

Em seguida reze um Pai-Nosso e uma Ave-Maria em intenção ao anjo da guarda da pessoa.

Para se curar e recuperar a riqueza

Esta reza é ideal para as pessoas que perderam tudo em decorrência de doenças advindas de inveja, mau-olhado ou olho gordo. Reza-se um Credo antes e, com a pessoa em pé à sua frente, vai passando as mãos em seu corpo, sem a necessidade de tocar, e chacoalhando-as, como se estivesse eliminando as energias negativas. Lave bem as mãos após o descarrego.

> Eu te curo, eu te benzo, aqui nesta hora e neste momento com todos os santos presentes. Em louvor de Santo Onofre, e com estas cruzes que vou fazer [faça as cruzes na testa, na cabeça e na nuca] a tua fortuna vai crescer, a tua doença vai sarar, a tua vida vai melhorar. Eu te talho e retalho e volto a talhar, e com a ajuda do Santíssimo Sacramento o diabo vai arrebentar. Quem a inveja te botou, o corpo te danou e o dinheiro te estragou.

Para que a pessoa fique bem e receba o que merece, rezam-se três Pai-Nossos e Três Ave-Marias.

Para saber quem botou o quebranto

Rezar um Pai-Nosso e três Ave-Marias enquanto benze a pessoa com um ramo de arruda fresco. Se o ramo murchar na Ave-Maria, o mau-olhado foi posto por mulher, se murchar no Pai-Nosso, foi posto por homem. Em seguida, faça a seguinte reza.

Em nome do Pai, do Filho e do Espírito Santo, eu te benzo [diga o nome da pessoa a ser benzida], botaram mau-olhado e quebranto para te matar, te benzo para te curar. Com o poder do Deus Pai e do Deus Filho. Com o poder do Espírito Santo e da Santíssima Trindade. Que assim seja! Amém!

Encerrar com um Pai-Nosso e uma Ave-Maria.

Reza purificadora contra quebranto

O benzedor, antes de começar a benzer, deverá se purificar lavando as mãos e usando qualquer perfume no corpo. O aroma do perfume ajuda o benzedor a entrar em harmonia com a energia (seiva de alfazema ou de essência de rosas são os mais indicados). Esfregue um pouco de óleo de oliva nas mãos e coloque a mão direita sobre o coração da pessoa a ser benzida, recitando as seguintes palavras:

Nosso Senhor, meu Jesus Cristo, me ajude onde ponho a mão. Cristo vive, reina e impera por todos os séculos dos séculos, amém. Pelo poder divino que tem Nosso Senhor Jesus Cristo, este quebranto vai sair, pelos lados, pelas costas, por cima, por baixo, por trás e pela frente. E pela fé em Nosso Senhor, assim se fará: saindo pela frente, por cima, por trás, por baixo. Amém.

Reze um Pai-Nosso e uma Ave-Maria.

Reza tradicional do norte do Brasil

Muito usada naquela região, as rezas funcionam como um bom remédio para combater olho gordo. O ideal é que elas sejam feitas por uma benzedeira. Pegue um ramo de um mato qualquer, faça o sinal da cruz sobre o peito da pessoa e recite as seguintes palavras:

O filho(a) está com quebranto. Muita inveja tem em você. Muita gente quer ser você. Mas todas essas cargas negativas vão ser varridas de você. Amém.

Seguindo as mesmas orientações, a benzedeira pode fazer esta outra reza, lembrando sempre de seguir a sua intuição e usar uma reza de cada vez:

Tens quebranto. Dois to deram. Três to hão de tirar. São as três pessoas da Santíssima Trindade. Em louvor a Virgem Maria, um Pai-Nosso e uma Ave-Maria.

Fazer a reza três vezes, enquanto faz cruzes sobre o peito da pessoa.

BENZIMENTOS CONTRA MALEFÍCIOS

A maldade é um dos comportamentos que mais afeta a humanidade, podendo ser associada ou não à inveja ou ao mau-olhado. A diferença é que, no caso da maldade, existe a prática do ato em si, não somente a intenção. Porém, nem tudo é maldade, às vezes estamos passando mesmo por momentos difíceis, ou estamos com nossa energia pesada, o que podemos chamar de "azar". Veja alguns benzimentos que poderá proteger você ou aqueles que padecem desse e outros males.

Benzimento contra inimigos (zona e males venenosos)

Para curar as zonas e os males venenosos comece o benzimento com os seguintes dizeres:

Livre-nos, Nossa Senhora dos nossos inimigos. Em nome do Pai, do Filho e do Espírito Santo, amém.

Em seguida, faça o sinal da cruz e diz-se:

Se és sapo, eu te mato. Se és rã, eu te arrebento. Se for cobra vai para o teu rio. Se és aranha aranhão, cobra cobrão, sapo sapão, os males coxos desta criatura se vão, para que neste corpo não fique mal nem dor, nem coisa que mal for. Assim como as chagas de Nosso Senhor Jesus Cristo foram feitas pelo seu divino amor, este corpo se torne a compor. Em louvor e honra da Virgem Maria, um Pai-Nosso e uma Ave-Maria.

Reza-se nove vezes por dia, por nove dias consecutivos. Finalize com:

Deus te fez, Deus te criou. Deus te tire todo o mal que no teu corpo entrou.

Se o mal não sair, acrescenta-se:

Meu Deus tende piedade desta pessoa, curai-a. Não me deixes ficar mal.

Reza-se um Pai-Nosso e uma Ave-Maria.

Oração contra a má língua

A fofoca pode ser muito prejudicial na vida das pessoas. Falar mal da vida alheia sem culpa, para muitos, é só divertimento sem importância e que não faz mal nenhum, mas quando a pessoa não controla a língua, os resultados podem ser extremamente destrutivos.

> O Sol é seu pai, a Lua, sua mãe, que o vento a leve para uma terra bem funda e que bem lhe pese por ter língua comprida e ser alcoviteira. Que pela sua maldade seja castigada a vida inteira. Que não tenha dinheiro nem ró (resistência). Que não tenha eira nem beira e, se não se emendar, [diz-se o nome da pessoa que constantemente se mete na vida dos outros e os prejudica intencionalmente] seja amaldiçoada a vida inteira. Em louvor e honra de São Cipriano, que não é santo de falinhas mansas e que não se deixa ir no engano, vou rezar um Credo a cantar.

Rezar um Credo na intenção da pessoa fofoqueira.

Para afastar gente que nos prejudica

Peça para a pessoa que vai ser benzida escrever sete vezes em uma folha de papel branca, usando a mão esquerda, o nome da pessoa que a está prejudicando.

Pegue o papel e dobre, fazendo com que o nome da pessoa fique visível do lado de fora. Pegue um recipiente, acrescente dois dedos de vinagre tinto e complete o resto com água.

Enquanto mistura os ingredientes, recite as seguintes palavras:

> Assim como Jesus Cristo crucificado pediu água e lhe deram vinagre, ele se enjoou e afastou o cálice de sua boca; assim [diga o nome da pessoa] há de se afastar como o cálice.

Após ter recitado essas palavras, faça o sinal da cruz sobre o cálice e guarde-o no congelador de sua casa por 21 dias. Em seguida, descarte o conteúdo, de preferência em um jardim.

Para combater qualquer tipo de mal

O benzedor deverá pegar qualquer ramo verde e benzer o corpo do paciente fazendo o sinal da cruz. Enquanto faz isso, recita as seguintes palavras:

> Em nome do Pai, do Filho e do Espírito Santo. Mal, quem quer que sejas, de onde quer que venhas, seja qual for teu começo e tua origem, eu te ordeno e mando, em nome de Jesus Cristo, a quem tudo obedece, nos céus, na Terra e nos infernos, que deixes em paz [dizer o nome da pessoa]. Ordeno-te em nome do Pai, do Filho e do Espírito Santo. Que assim seja.

Depois, reze cinco Pai-Nossos, cinco Ave-Marias e cinco Glória ao Pai, em honra das cinco chagas de Jesus Cristo.

Para cortar o enguiço

Num tacho com água a ferver, deitam-se raminhos de urtigas. O benzedor vai mexendo os raminhos e fazendo o sinal da cruz sobre a pessoa que está com o mal e vai dizendo:

> Zangão, zangão. Zangão, zanguiço eu te benzo, eu te piso, para que partas para longe, para lá das águas do mar, e te afogues, ó, enguiço e quem o anda a deitar.

Deve-se dizer cinco vezes e três dias seguidos. A pessoa recupera confiança em si e deve acreditar que tudo pode conseguir na vida.

Para cortar embaraços

O benzedor deverá pegar três ramos de arruda ou de guiné e fazer o sinal da cruz sobre o corpo do paciente, nos lados e nas costas, recitando as seguintes palavras:

> Senhor Deus Todo-Poderoso, venho implorar vossa proteção para que afasteis de [nome da pessoa] todo o mal, todos os embaraços, todas as perturbações. Cortai o olho grande e o malefício desse vosso filho, protegendo de todos os perigos o seu corpo e a sua alma. Protegei-o, Senhor, dos espíritos das trevas, obsessores malignos. Afastai dele a inveja, a maledicência, as intrigas e as inimizades. Pelos vossos santíssimos nomes: Javé, Elohim, Sabaót, Adonai, recebei esta súplica, recebei esta prece. Que assim seja.

Para desmanchar feitiços

Antes de começar a fazer esta reza, o paciente deverá estar vestido com roupa branca, limpa e com uma cruz pendurada no pescoço. O benzedor deverá ter três galhos em mãos, que poderá ser de arruda, de guiné, de alecrim ou de espada-de-são-jorge e água benta. Com a mão, molhe os galhos de leve com água benta e chacoalhe-os sobre o paciente, enquanto recita as seguintes palavras:

> [Nome da pessoa], que o Pai te acompanhe, ó, Filho de luz, e te valham os poderes de Jesus. Jesus Cristo queira te valer, te dê força e sustança para as palavras de Jesus Cristo receber. Olhado branco, olhado preto, olhado estropiado, olhado excomungado, olhado amaldiçoado, olhado abençoado. Todos esses males do teu corpo são apartados e botados para as ondas do mar com os poderes de Deus, da Virgem Maria, do Divino Santíssimo Sacramento no altar. [Nome da pessoa], se tens olhado pelas costas, São Costa; se foi pela frente, São Vicente. [Nome da pessoa], sangue de Jesus te lavou, sangue de Jesus te limpou. Com ele estás lavado, estás limpo, estás curado. Em nome do Pai, do Filho e do Espírito Santo. Amém.

Descarte os galhos e a água que sobrar em um jardim. Lave a roupa após a reza para não ficar com a energia ruim que saiu da pessoa.

Benzimentos para o mal comportamento

Por Deus e pela Virgem Maria um Pai-Nosso e uma Ave-Maria.

Todos os assistentes rezam enquanto o orientador(a), calmamente, vai aspergindo pequenas gotículas de água.

Para afastar bebedeiras

Para afastar as bebedeiras, coloque no meio de três ou mais pessoas, uma vasilha contendo tantos meios copos de vinho como de assistentes estiverem presentes. Digam em conjunto:

> Este vinho, fruto da terra, que por Deus foi consagrado, não se bebe exagerado, nem sozinho até cair. Com Santa Bebiana ao lado, o bom senso sempre há de existir, porque o homem que quer se emendar, nunca há de desistir. Protege-me da tentação de muito vinho eu beber, para te agradecer, ofereço-te o coração.

Bebam devagar, em pequenos goles, o vinho retirado da vasilha depois da consagração. Depois, no final, façam três imprecações com os copos vazios e digam:

> Pelo patriarca Noé, amante da boa pinga, e pela saúde de Santa Bebiana, para que o vinho não vá para casa nem para cama. Este vinho bebemos, e aqui prometemos, nunca nos embebedar.

Para afastar doideira

O ambiente para realizar esta reza deve estar bem arejado e ser varrido antes de começar. O operador (pessoa que está benzendo) começa aspergindo levemente, com as mãos, água (benta ou consagrada) em cruz no doente, enquanto outra pessoa vai aspergindo a mesma água, mas com um raminho de alecrim. Os participantes dizem a reza em voz alta. Se a pessoa que sofre do mal do cabeço (mal de cabeça) também conseguir dizer a oração, melhor. Se ela não conseguir, as outras pessoas a substituem e dizem nove vezes a oração, que representa uma novena.

> Valha-me, Santa Quitéria. Santa de grande valia. E me valha noite e dia e quando eu disparatar. Ela que traga uns santinhos para a eles me agarrar. Se não me agarro aos justos, fico mal do cabeço, não sou capaz de pensar. Acode, Santa Quitéria, acode, acode-me, à mioleira, pois só tu me entenderás, didinha doideira.

Para esconjuro da crise nervosa

Deita-se esta bênção três vezes sobre a pessoa com a crise nervosa e, com voz firme, dizendo:

> Onde está o Santo nome de Jesus não entra mal nenhum. Nervo diabólico, quem te trouxe aqui? Olha que o Senhor Deus tem mais poder que tu. Se Jesus Cristo por aí passar irá te cortar e arrancar-te pela raiz. Leva-te e esconjura-te para as outras bandas das águas do mar, para onde não ouças galos e galinhas cantar, e nem sinos a tocar. Eu, com o Credo em cruz e o Santo nome de Jesus, daqui te hei de fazer saltar, que para o corpo de [diz o nome da pessoa que está a sofrer] não hás de se tornar. Eu te benzo nervoso em nome de Deus Pai, de Deus Filho e do Espírito Santo, pela Santíssima Trindade e pelas gotas de sangue que o Senhor deitou na cruz para nos salvar, seja servido a deitar este flato para as outras bandas das águas do mar. Em louvor de Deus e da Virgem Maria; Pai-Nosso, Ave-Maria.

Contra a preguiça

Esta benzedura é feita ao romper da aurora e com a presença da pessoa que se querem emendar. Em silêncio, faça as orações de Santa Catarina e de São Expedito, em seguida, faça sobre o doente de preguiça a seguinte reza:

> Pela vontade de Deus, tudo acontece. Pela vontade de Deus, tudo pode acontecer. Mas, só com a vontade dos seus, é que tudo aparece. Aparece a vontade de comer, aparece a vontade de cantar, aparece a vontade de trabalhar. E o corpo que a Deus se entregou, um dia vai se emendar. Para que a fortuna lhe cresça, assim como saber andar. A fortuna é mulher parideira. Fugidia a quem tem preguiça, ela luta a vida inteira, mas no domingo vai à missa. E, se assim se fizer, com ajuda de São Expedito, mais o saber de Santa Catarina, não há rapaz ou menina que não obtenha tudo quanto quiser, se cumprir na Terra o seu dever e se deitar cedo e cedo se erguer. Com a bênção de São Jerônimo que foi santo de muito saber, eu cinco vezes vou te benzer e tirar-te do corpo todo o peso morto que ainda aí tiveres.

O orientador(a) da cerimônia benze as pessoas com um raminho de oliveira, molhado em água benta, e vai dizendo:

> Por Deus e pela Virgem Maria um Pai-Nosso e uma Ave-Maria.

Todos os assistentes rezam enquanto ela calmamente vai aspergindo pequenas gotículas de água.

BENZIMENTOS PARA AFASTAR MAUS DIABÓLICOS

Contra o olhar excomungado

O benzedor deverá pegar três ramos de arruda, fazer o sinal da cruz na pessoa e recitar:

> [Nome da pessoa], se foi mulher, se foi moça, se foi velha ou se foi menino que te botou olhado no teu cabelo, na tua cor, nos teus olhos, na tua boniteza, na tua feiura, na tua magreza, nos teus braços, nas tuas pernas, na tua esperteza. Para que não me dissesse que eu te curaria com os poderes de Deus e da Virgem Maria, com um Pai-Nosso e uma Ave-Maria. [Nome da pessoa], Deus te fez, Deus te criou, Deus que acanhe quem te acanhou. Olhado vivo, olhado morto, olhado excomungado, vai-te para as ondas do mar sagrado.

Reze em seguida três Ave-Marias e três Glória ao Pai.

Livre-se de quem te incomoda

O benzedor deverá pegar um ramo verde e batê-lo levemente nas costas da pessoa, enquanto faz a seguinte oração:

> Senhor Nosso Deus, vós prometestes ao bem-aventurado São Roque, pelo ministério de um anjo, que todo aquele que o tivesse invocado não seria atacado do contágio da peste.
>
> Fazei, Senhor, que assim como louvamos os vossos prodígios, assim fique [nome da pessoa] livre da peste pelo seu merecimento. E rogamos a toda peste do corpo e da alma.
>
> Em nome do Pai, do Filho e do Espírito Santo. Amém.

Reze em seguida um Pai-Nosso em louvor a São Roque.

Oração contra a tentação do demônio

Oração para ser rezada sempre às terças-feiras e às sextas-feiras.

> Em louvor ao Santíssimo Sacramento do Altar, a minha casa vou benzer e defumar, e que todos os males existentes na mesma, vão para casa de quem nos desejar.

Repetir a expressão "vão para casa de quem nos desejar" três vezes. Enquanto faz as repetições, bata o pé esquerdo três vezes no chão. No final, reze um Pai-Nosso.

Para endemoniado

O benzedor deve ir escondido por detrás do doente e, sem que este perceba, rezar mentalmente:

> São Marco que te marque, São Brando que te abrande e São Amâncio que te amanse.

Em seguida, faz o sinal da cruz três vezes sobre as costas do doente e termina a oração:

> Jesus Cristo que te amarre e abençoe.

PARA EXPULSAR O DIABO DO CORPO

À medida que faz esta reza, vá fazendo o sinal da cruz sobre a cabeça da pessoa.

> Em nome do Pai, do Filho e do Espírito Santo. Em nome de São Bartolomeu, de Santo Agostinho, de São Caetano, de Santo André Avelino, eu te arrenego, anjo mau, que pretende introduzir-te neste filho de Deus e pervertê-lo. Pelo poder da Cruz de Cristo, pelo poder das divinas chagas de Cristo, eu te esconjuro maldito, para que não possas tentar esta alma sossegada. Amém.

PARA TIRAR O MAU ESPÍRITO

O benzedor deverá pegar um pouco de azeite de oliva, sal e um ramo feito de alecrim, guiné e arruda. Comece a fazer a benzedura na testa da pessoa, recitando as seguintes palavras com muita energia:

> Em nome de Deus Pai, Jesus Cristo, a Virgem Maria e a todos os Santos, eu digo que se afaste daqui. Espírito tenebroso, eu o expulso com o sinal da cruz.

Depois, passe a mistura no peito da pessoa, dizendo o seguinte:

> Aqui neste peito, onde bate um coração puro de um temente a Deus, tu não ficarás, infeliz criatura vinda dos baixos infernos.

Passe um pouco da mistura nos pulsos da pessoa. Depois, jogue um balde de água fria sobre a cabeça dela para lavar toda energia negativa. Atenção: esse ato deve ser feito com o consentimento da pessoa e com a confirmação de que seu estado de saúde está em ordem.

Outra reza que pode ser usada também no benzimento contra maus espíritos é a seguinte: faça o sinal da cruz três vezes sobre seu corpo e sobre o corpo de quem está sendo benzido e diga:

> (†) Nosso Senhor Jesus Cristo, Filho de Deus vivo, ouvi minha oração. O puríssimo Espírito de Jesus foi, é e será o vencedor de todos os seus inimigos e de todos os adversários dos que amam e creem em Jesus Cristo. Jesus Cristo reina. Jesus Cristo Impera. Jesus Cristos Governa por todos os séculos dos séculos. Amém!

Rezar um Credo aos espíritos para que deixem a pessoa em paz.

Para fechar o corpo

O benzedor deverá colocar três folhas de espada-de-são-jorge, em forma de cruz, sobre a pessoa a ser benzida. Primeiro sobre o peito e depois sobre as costas, recitando, a cada vez, as seguintes palavras:

> Assim como Deus é o Sol, Deus é a Lua, Deus é a claridade, Deus é o sumo da verdade, tire o ar preto, o ar amarelo, o ar mudo, o ar surdo, o ar estuporado, o ar de quentura, o ar de nervoso, o ar de nevralgia, o ar de reumatismo, o ar de paresia, o ar de frieza, o ar de moléstia do tempo. Tire da cabeça, da carne, dos nervos, das juntas, para ir para as ondas do mar. O fruto do Espírito Santo são doze. O primeiro é o gosto, o dois é a paz, o três é a caridade, o quatro é a paciência, o cinco é a sabedoria, o seis é a bondade, o sete é a dignidade, o oito é a mansidão, o nove é a fé, o dez é o modesto, o onze é a continência, o doze são os doze apóstolos de Nosso Senhor Jesus Cristo. Paz domine Senhor São Concorde. Aleluia. Amém.

Outra forma de fazer o benzimento para fechar o corpo é o benzedor fazer uma cinta com espada-de-são-jorge, suficiente para envolver a cintura da pessoa, e outra para envolver as costas e o peito. Cruze as cintas no corpo dela e recite as seguintes palavras:

> Trago o teu corpo fechado com as chaves do santo sacrário. Dentro dele se encerra Jesus sacramentado, como no sacrário se encerra. E, assim como Jesus, o teu corpo [nome da pessoa], será guardado, a tua alma não será maltratada pelos teus inimigos e o teu sangue não será derramado. Jesus e a Virgem te livrarão [nome da pessoa], dos malefícios, das bruxarias e dos feitiços. E no teu corpo não entrará nem bala nem faca nem punhal. Ele está fechado com o manto sagrado de Nosso Senhor Jesus Cristo. Que assim seja.

Após ter recitado essas palavras, reze três Pai-Nossos e três Ave-Marias em intenção a Jesus.

Proteção para corpo fechado

A pessoa que será benzida terá que pendurar uma cruz no pescoço e, na noite em que fizer esta benzedura, não poderá manter relações sexuais e deverá estar em jejum. Então, deverá rezar um Creio em Deus

Pai, um Pai-Nosso e uma Ave-Maria em louvor a São Benedito e recitar as seguintes palavras:

> Valha-me preciosa cruz do Senhor São Bento, e as preciosas letras que se encerram dentro do poder, valia e merecimento. Eu, [nome da pessoa], sempre livre hei de ser do fogo, do ferro, de ares, de feitiço, de peste e de bichos peçonhentos, pois tenho para minha defesa Jesus Cristo e o Senhor São Bento. Na arca de Noé me meto, com a chave de São Pedro me fecho, com as três pessoas da Santíssima Trindade me acompanho, Pai, Filho e Espírito Santo. Amém.

BENZIMENTOS PARA O LAR

Nosso lar é o local na qual mais devemos ter proteção. É onde baixamos a guarda, onde descansamos e recebemos familiares e amigos, que podem nos trazer tanto boas quanto más energias. Faça sempre uma oração de proteção ao seu anjo da guarda, sempre que sair de casa e outra de agradecimento sempre que voltar para casa (vejas as orações no capítulo 8). A seguir, veja algumas formas de proteger seu lar.

Garrafadas para proteção da casa

Reserve uma garrafa de vidro ou plástico pet, com tampa. Pegue algumas pimentas dedo-de-moça, um pouco de fumo de corda, alguns dentes de alho com casca e encha ¾ da garrafa com pinga ou álcool e complete com vinagre. Feche bem a garrafa e faça a seguinte reza sobre ela, sempre em cruz:

> Por glória e força do Criador, pelo escudo de São Jorge, pelo livro de São Bento, aqui eu fecho esta porta e o mau não entra. Pelo cálice de Santa Bárbara e pela cruz de São Lázaro, aqui eu fecho esta porta e o mau não entra. Pela cruz de Santo André e pela cruz de Santa Helena, esta porta está fechada e aqui o mau não entra, a doença não atravessa e a inveja vai embora.

Essa ação deve se repetir por três vezes, sempre cruzando a garrafa em cruz. Deixe a garrafa atrás ou do lado do batente esquerdo da porta de entrada, do lado de dentro, por 30 ou 90 dias, renove sempre que achar necessário. Se quiser, faça um pedido de proteção específico enquanto faz a benzedura da garrafa.

ATENÇÃO: ao fazer a retirada, deve-se abrir a garrafa e jogar o conteúdo em água corrente, como no sanitário, por exemplo.

Encerre com uma breve oração de agradecimento aos santos citados na reza.

Para benzer ponto negativo dentro de casa

Para benzer um cômodo da casa e tirar a energia negativa provocada pela permanência de um doente nele, ou pela morte de alguém, pegue algumas cabeças de alho, ajoelhe-se em cima dele (como se fazia com o milho, uma forma de penitencia de purificação) e faça a seguinte oração, sempre usando as mãos em forma de cruz:

> Na glória de Deus pai criador clamo por Santa Bárbara, Senhora dos raios e da tempestade. Clamo por Santa Clara, Senhora do tempo e das mudanças. Eu cruzo este local em tempo e em movimento. A partir de agora, o tempo deste mal está esgotado, para fora daqui ele será movimentado. Assim eu peço! Assim eu quero! Assim eu cruzo! E assim eu faço! Força para quem precisa! Poder para quem conquista. Amém!

Repetir a oração por sete vezes no local. Deixar o alho descansar por 24 horas depois jogar fora.

BENZIMENTOS PARA TODO TIPO DE DOR

Existem diversos tipos de dores, vamos retratar aqui, alguns benzimentos que, realizados com fé, podem amenizar e até acabar com elas.

Para dor de barriga

Esta oração tem de ser repetida nove vezes:

> Jesus, que é o Santo nome de Jesus, onde está o Santo nome de Jesus não entra mal nenhum. Quando a Nossa Senhora pelo mundo andava, chegou à casa de um homem manso e de uma mulher brava, pedindo-lhes pousada. O homem dava, a mulher não. Onde Nossa Senhora foi sei deitar, água por baixo e água por cima; com estas mesmas palavras, cura a dor de barriga, em louvor de Deus e da Virgem Maria, Pai-Nosso e Ave-Maria.

Para dor de cabeça usando o azeite

Fazer o sinal da cruz com o azeite na cabeça da pessoa que estiver com dor e dizer:

Jesus chamou por Pedro e disse que Pedro era pedra, e nessa pedra Jesus quebrou. Jesus me deu essa força, a força que Deus me deu, de curar o que ele curou, no tempo que pelo mundo ele andou. Por isso essa dor de cabeça será tirada, retirada e jogada na pedra.

Fazer novamente o sinal da cruz com azeite e continuar:

Com Deus e a Virgem Maria, essa doença vai embora, quebrada na pedra, moída na pedra, arrebentada na pedra.

Fazer novamente o sinal da cruz com azeite e continuar benzendo:

Jesus e Virgem Maria, dê a [dizer o nome da pessoa] força, paz e conforto, tirando e quebrando na pedra essa dor de cabeça, que há de se acabar.

Rezar três Pai-Nossos e três Ave-Marias.

Para dor de cabeça usando arruda ou alecrim e uma faca sem corte

Coloca-se o doente sentado numa cadeira, na frente de uma porta aberta para fora e, com três raminhos de arruda ou de alecrim molhado numa tigela com água, benze-se em cruz a cabeça, começando pelo cocuruto e terminando no queixo. Recita-se um Credo.

Assim que o benzedor começar a bocejar, é sinal evidente de que a dor saiu do doente e passou para o seu próprio corpo, realiza-se a parte final do benzimento com uma faca, o benzedor traça cruzes nos batentes das portas da casa, murmurando:

Com esta faca corto o mal, com esta faca mando o mal embora.

Repita a reza por três vezes, ao que o doente responde:

Dor de cabeça, vai embora.

Para dor de cabeça por mau-olhado

O benzedor benze-se em cruz e diz:

Pelo sinal da Santa Cruz, livre-nos, Deus Nosso Senhor, dos nossos inimigos, em nome do Pai, do Filho e do Espírito Santo. Amém. [Nome da pessoa], eu te benzo da dor de cabeça que tens ou dos maus olhos que para ti olharam, ou vento ou sol, ou o mau tempo que por ti passou.

Repetir por três ou cinco vezes. Depois, coloque numa tigelinha com água, três ou cinco gotas de azeite e dois pauzinhos em cruz. Se o azeite espalhar é porque a pessoa estava com mau-olhado.

Para dor de cabeça sol-miolo

Quando uma pessoa sente batidas na cabeça, coloca-se um copo com água pela metade e, com um pano em nove dobras, envolva toda a sua cabeça, deixando o rosto de fora. Se ela tiver sol-miolo, a água ferve dentro do copo. Se a água permanecer sem ferver, a causa da dor é outra. Durante o processo diga:

Santa Iria pelo mundo andou. Nossa Senhora a encontrou e lhe perguntou: – Aonde vais, Iria? – Eu vou curar sol e calmaria. – Volta atrás, Iria, que esse mal se curaria. Pela crescença de um dia, um pano e nove dobras e um copo com água fria.

Para dor de cabeça e dor de ouvidos

A pessoa que vai benzer reserva uma faca sem corte. Para iniciar o benzimento ela diz:

Em nome do Pai, Filho e Espírito Santo.

Depois benze a cabeça do doente com um terço dizendo:

Jesus, Santo é o nome de Jesus. Onde está o Santo nome de Jesus não entra mal nenhum. [Nome da pessoa a benzer] eu te benzo do mal e de ar maldito. Quem te trouxe? [O benzedor(a) pega a faca e corta o ar em direção ao doente] De ar frio e de ar quente com esta faca te lançarei, pernadas do ar cortarei e daqui para fora te deitarei. Com o poder de Deus e da Virgem Maria, um Pai-Nosso e uma Ave-Maria.

Repete-se nove vezes essa benzedura e oferece a Nossa Senhora, dizendo:

> Minha Nossa Senhora, leve o mal que a pessoa tem para o outro lado do mar, onde não ouça galo nem galinha cantar e nem mãe por filho chamar. Nossa Senhora, conceda a melhora a [nome da pessoa]. Amém.

Para dor de dentes

Faça uma oração para São Clemente e, tocando levemente o rosto do doente, diga a seguinte oração:

> Luar, luar de São Clemente. A vista para meus olhos, a saúde para meus dentes. Hoje e sempre rezo para São Clemente cuidar bem dos meus dentes.

Para dor na mão

Faça uma oração para Nossa Senhora da Conceição e, segurando a mão do doente em meio às suas mãos, faça a seguinte reza:

> Levantei de madrugada, para falar com Conceição. Encontrei Nossa Senhora com uma palminha na mão. Pedi um galhinho, mas ela disse não, tornei a pedir, e ela me deu um cordão. Um cordão de cinco volta, ao redor do coração. Santo Antônio, São Tadeu, desamarre esse cordão, meu apóstolo e meu irmão. Pegue-me pela mão e leve-me a Belém, ou uma fonte onde o demônio não me encontre nem de noite, nem de dia.

Benzimentos para pessoas desmanchadas

Diz-se que a pessoa está "desmanchada" quando algum mal físico se acarreta a ela, mas que não se sabe o que é. Nesses casos, aconselha-se fazer a seguinte oração enquanto faz uma imposição de mãos sobre a pessoa debilitada:

> Jesus que é o Santo nome de Jesus, onde está o Santo Nome de Jesus não entra mal nenhum. A Virgem é filha de Santa Ana, Santa Ana é mãe da Virgem. Jesus Cristo é filho da Virgem e a Virgem é mãe de Jesus Cristo. Vestes e revestes sacerdotes no altar. E assim, como o sacerdote se veste e reveste no altar, ossos e linhas de [nome] vá ao seu lugar, e que isso seja tão verdade como Jesus Cristo disse missa no altar. Nossa Senhora, Virgem pura, tragas linhas, ossos e tendões de [nome]. Amém.

Reza-se depois uma Salve-Rainha a Nossa Senhora da Saúde e nove vezes se diz essa oração.

Há também os casos em que o doente sabe qual parte do corpo, relacionado ao sistema nervoso, está debilitada. Vejamos os seguintes casos e seus devidos benzimentos, sempre usando a imposição das mãos.

Dor ciática

Dor que normalmente acomete o nervo ciático em decorrência de problemas na coluna. Pegue uma faca sem corte, consagre-a (como vimos na página 105), e vá benzendo a pessoa em cruz e dizendo.

> Faca cortas pão, cortas carne, cortas tudo o que quiserem cortar. Corta a ciática desta pessoa que não pode esperar. Se és ciática, maldita, vai-te daqui! Eu te corto, eu te recorto, eu te atalho pela nascente, pelo poente, pelo sagrado nascimento de Deus, Nosso Senhor Jesus Cristo e em louvor e honra da Virgem Maria. Pai-Nosso. Ave-Maria. Amém.

Reza-se nove vezes sobre o doente.

Nervo torcido

Para este benzimento separe linha e agulha. A pessoa a ser benzida diz:

> Jesus que é o Santo nome de Jesus, onde está o Santo nome de Jesus não entra mal nenhum.

A pessoa que que está benzendo pega a agulha e o novelo de linha e diz: Eu coso.

E quem está padecendo responde:

> Carne quebrada nervo torto. Cosa a Virgem melhor do que eu coso, a virgem cose pelo são, e eu coso pelo vão. Em louvor de Deus e da Virgem Maria, Pai-Nosso e Ave-Maria.

Depois de fazer essa benzedura, molha-se os dedos no azeite e esfrega a parte dolorida. Reza-se um Pai-Nosso e uma Ave-Maria a Santo Amaro, advogado de pernas e braços, e oferece-se ao Nosso Senhor Jesus Cristo. Repete-se nove vezes.

Para rendidura

A pessoa que vai benzer toma de um pedaço de pano e uma agulha com linha e, costurando, pergunta: Que coso?

O doente responde:

Carne quebrada e nervo torto. Coso, em nome de Deus, da Virgem Maria e de São Virtuoso. Se for carne rendida, torne a soldar. Se for nervo torto, torne a ir a seu lugar.

Na primeira vez, repete-se nove vezes; na segunda, sete vezes e na terceira cinco vezes.

Para tirar mau jeito

Faça uma imposição de mãos no local afetado e diga a seguinte oração:

Curo-te de carne quebrada, e torno a te soldar, nervo torto torna a seu lugar, nervo que retorceste, Deus que te põe onde nasceste. Eu que te benzo. Deus que te sare. Onde eu ponho as minhas mãos, Nossa Senhora dá santidade. Deus queria curar esta quebradura, esta rendidura que esse pobre enfermo tem. Seja pelo amor de Deus, seja por tudo. Amém!

Reza-se nove vezes sobre o doente.

BENZIMENTOS PARA DOENÇAS DA PELE

A pele é o maior órgão do corpo humano. É por ela que a nossa temperatura corpórea é regulada, e é ela que detecta estímulos dolorosos, impede a entrada de substâncias no organismo e nos protege contra os efeitos nocivos do sol. Sendo assim, a pele pode se tornar alvo de várias doenças. Vejamos a seguir, algumas benzeduras para doenças relacionadas a pele:

Contra brotoeja

Para tratar brotoejas, coloque um pedaço de caco de telha no fogo até que ele fique vermelho. Em seguida, coloque o caco na água de banho repetindo três vezes a seguinte benzedura:

Sapo, sapão. Bicho, bichão. Rato, ratão. Lagarto, lagartão. Saramela, saramelão. Aranha, aranhão. E todos os bichos que estais secos mirrados sejas.

Contra cobreiro

O cobreiro é uma doença de pele que se inicia por pequenas feridas que pouco a pouco vão se unindo. Acredita-se que são provocadas por aranhas, sapos, urina de animais, etc. Segue duas rezas diferentes para você escolher a que mais intuir.

Na primeira, pegue uma faca sem corte e sem serra e consagre-a. Depois, vá benzendo o local afetado em cruz com a faca e dizendo:

> Cobreiro bravo, eu te corto a cabeça e o rabo, cobreiro bravo há de secar, cobreiro bravo há de sarar, que caia de nove em nove, que caia de sete em sete, que caia de seis em seis, que caia de cinco em cinco, que caia de quatro em quatro, que caia de três em três, que caia de dois em dois, que caia de um em um. Em nome de Deus e da Virgem Maria, este cobreiro não aumentará. Amém!

Na segunda, munido de três raminhos de arruda e um pouco de toicinho sem sal, o curandeiro benze o cobreiro, dizendo:

> Ele arando e lavrando está. A meu par o levei no monte de Gomel, com raminhos de sarmento e unto sem sal. E que te seques, que te seques, quebre e seques e que não voltes mais.

Deixe o toicinho e a arruda secando ao sol. Depois descarte os resíduos em terra de jardim.

Contra comichões

Prepare um unguento de camomila, manjericão, hortelã ou tomilho (use somente uma de cada vez) e reserve. Em seguida, faça uma pequena cruz de madeira e, com ela em mãos, vá passando sobre os locais da comichão, dizendo:

> Sapo, sapão. Aranha, aranhão. Calda, caldeirinha, eu te corto com esta cruzinha. Por aqui passou bicho ou pensamento, mas com este unguento tudo vai passar. Se te coçaste ontem, hoje te vais coçar, mas com este unguento e a bênção de São Bento, isso vai sarar. Olha bem para esta cruzinha. Vê por onde ela vai passar, e se nunca a sentires, a comichão vai parar. Em louvor e honra da Virgem Maria, um Pai-Nosso e uma Salve-Rainha.

Passe o unguento na comichão e reze um Pai-Nosso e uma Salve-Rainha.

Contra queimaduras

Soprar sobre a queimadura, em forma de cruz, dizendo:
Deus te cure (†) pelo seu poder (†) Assim seja.

Em seguida faça a seguinte oração:
O fogo não tem frio, a água não tem sede, o ar não tem calor, o pão não tem fome; São Lourenço, curai estas queimaduras pelo poder que Deus vos deu.

Fazer o sinal da cruz e oferecer um Pai-Nosso para São Lourenço.

Contra verrugas

Para tirar a verruga a pessoa que as tiver deverá feri-las um pouquinho e esfregar sobre elas uma pedrinha de sal, após o que, de costas voltadas para o fogão, jogará a mesma sobre o fogo e sairá correndo a seguir, para não ouvir o estalo produzido. Se escutá-lo, terá o dobro das verrugas anteriores. Ao fazer isso diga:

Deus te salve lua cheia. Lá vão dois montados num; quando voltares outra vez, passe a verruga pro pé dum.

Atenção: verrugas tanto podem ser inofensivas como podem derivar de alguma doença mais séria. Nunca deixe de ir a um médico.

Para benzer feridas malignas ou com dificuldade de cicatrização

Coloque as mãos em forma de imposição sobre a ferida e diga a seguinte reza:

Eu te benzo, chaga ruim. Por Deus serás fechada, e numa caixa encerrada, para que não possas abrir. Se queres, saia já. Se não queres, pouco tempo tens para decidir, pois Jesus vai descer, e assim que Ele te vir, depressa tens de te decidir. Eu te benzo uma vez, eu te benzo duas ou três, para assim, como se fecharam as chagas de Jesus Cristo nos braços da mãe Santíssima, tu te feches e tu te sares pelo incomensurável poder dos céus.

Reza-se uma Salve-Rainha e um Pai-Nosso e pede-se a Deus que, se a ferida não sarar, o médico possa tratar. Que ele consiga resolver a doença com a ajuda dos poderes Divinos.

Para curar erisipela

Ardor, manchas vermelhas e dolorosas com bordas bem nítidas, principalmente na perna, pode ser sinal de erisipela, infecção da pele provocada por bactérias e de difícil cura.

A seguir, veja três tipos de rezas diferentes para tratar erisipela. Faça os benzimentos sugeridos, porém, não abandone o tratamento convencional. Uma coisa é aliada a outra.

Reserve água benta, algodão e azeite ou óleo de amêndoa. A pessoa que vai receber a oração, deve, antes, durante três dias, tomar água benta três vezes ao dia. No quarto dia, pegue o algodão embebido em azeite ou óleo de amêndoa e passe sobre o local da doença enquanto faz a seguinte oração:

> Fogo do chão, fogo do ar, fogo na cruz. Erisipela que queima perna, agora é curada pela mão de Jesus.

Em seguida, com a mão aberta sobre o local afetado, reze o Salmo 23 e um Pai-Nosso e uma Ave-Maria.

Outro benzimento que pode ser feito é, por nove dias seguidos, ler sobre a parte afetada do adoentado o diálogo de Nossa Senhora com Pedro e Paulo. Essa conversa foi intitulada de Erisipela, Erisipelão.

> Pedro e Paulo foram a Roma e no meio do caminho encontraram Nossa Senhora. Ela perguntou-lhes: – De onde vindes? – Eles responderam: De Roma, Senhora. – E que há por lá de novo? – Morre por lá muita gente. É o mal da Erisipela, Erisipelão. – Voltai para trás, Pedro e Paulo. Dê-lhes azeite em folha de oliveira. E depressa tudo se curaria, em louvor e honra da Virgem Maria. Pai-Nosso. Ave-Maria.

Rezar um Pai-Nosso e uma Ave-Maria.

Popularmente, a erisipela é também conhecida como Zipra. Os antigos costumavam benzê-la assim:

> Zipra, zipelão. Que dá na pele da pele. Que dá no osso do osso. Que dá no tutano do tutano. Vai para o fundo do mar profundo. Em nome de Deus Nosso Senhor, que essa zipra não te torne a dar dor.

Para curar impigem

Conhecida como *Tinha* ou *Tinea*, essa infecção da pele causada por fungos provoca o surgimento de pequenas vesículas de líquido claro, que secam e ficam amareladas ou avermelhadas, ao longo do tempo. É mais comum em crianças e idosos.

A impingem é uma doença muito contagiosa, quando em tratamento, evite a partilha de objetos pessoais como toalhas, roupas ou lençóis. Segue duas opções de benzeduras para curar impigem:

O benzedor, pela manhã e em jejum, procura o doente. Passa-lhe saliva e cinza de brasa (ainda quente, porém suportável) sobre a impingem, desenhando cruzes e dizendo:

> Impigem rabingem, a Senhora Santana te manda secar, com cuspe da boca e cinza do lar. Ou: Impingem rabingem. Que quer rabejar. Com a cinza do borralho. Hei de te curar e acabar de te matar.

Repete-se o benzimento por três manhãs seguidas. As cinzas também podem ser colocadas em um saquinho para ser passada na pessoa. Depois, despache-as, jogando-as ao sol.

Outra opção é pegar um copo com água fria e um ramo de planta verde de sua escolha. Molhar o ramo na água e sacudir sobre a impingem, enquanto vai falando as seguintes palavras:

> Impingem preta, impingem branca, impingem de sangue; o que que você foi fazer neste filho de Deus? A cruz de Cristo cairá sobre ti. Com os poderes de Deus e da Virgem Maria. Amém.

Em seguida, jogue fora o ramo e a água, de preferência em um jardim, e reze uma Ave-Maria.

Para curar herpes

O herpes é uma lesão cutânea caracterizada por grupos de vesículas amarelas que formam crostas no período da cura. Ao chamarem-lhe alvarinhas é porque a tomam como uma varíola benigna. Vamos ver duas formas de benzer o herpes:

Com uma faca sem corte, corta-se em cruz na frente do doente e diz cinco vezes:

> Herpes, alvarinhas, negro, negrinho, negrão, negral, maldito, amaldiçoado, excomungado, eu te corto das pernas, eu te corto da cabeça, eu te corto do rabo, eu te corto das conjunturas do corpo. Todas as linhas que tiveres no coração. Herpes, hei de cortar-te em louvor de Deus. Em louvor da honra da Virgem Maria, um Pai-Nosso e uma Ave-Maria.

Reze um Pai-Nosso e uma Ave-Maria.

Quem for realizar o benzimento deve usar um raminho, de qualquer mato, e água pura. Depois, deve-se molhar o raminho na água, com bastante fé, e ir benzendo o herpes com o sinal da cruz, dizendo:

> Santo Antão disse a Cristo que um doente chorava de fazer dó. Cristo perguntou se era herpes de um lado só. Antão disse que era e curou um lado, e tudo ficou curado. Em nome do Pai, do Filho e do Espírito Santo. Amém!

Para curar psoríase

Doença de pele não contagiosa, que causa lesões avermelhadas e descamativas, tendo como gatilho o estresse. Pegue uma cebola pequena e um punhado de galhos de alecrim, um pouco de fubá e mergulhe tudo dentro do azeite de oliva. Deixe essa mistura dois dias de repouso. Passe esse unguento todos os dias na região do corpo afetada pela psoríase fazendo a seguinte oração a Jesus:

> Ó, Jesus Salvador, meu Senhor, meu Deus, meu tudo, que com o sacrifício da cruz nos redimistes e destruístes o poder de Satanás, eu vos peço, libertar-me de toda presença maléfica e de toda influência maligna. Eu vos peço pelo vosso Santo Nome, peço-vos pelas vossas Santas Chagas, peço-vos pela vossa Santa Cruz, peço-vos pela intercessão de Maria, a Imaculada Conceição e Virgem Dolorosa. Que o sangue e a água que jorraram do vosso lado, desçam sobre mim para purificar-me, libertar-me e curar-me. Amém.

Complete a reza fazendo por 16 dias a Oração Hora da Misericórdia, que está na página 58.

Para inflamação na pele

Quando lhe surgir alguma inflamação na pele, unte-se com óleo, fazendo cruzes, e pronuncie durante alguns dias a seguinte benzedura:

> Eu te atalho/ bicho ou bichão, aranhiço ou aranhão, sapo ou sapão, bicho de qualquer feição.
>
> Eu te atalho, eu te minguo, eu te corto a cabeça e te furo o coração. Aqui te atalho e te mirro.

Repita essa última frase três vezes.

BENZEDURAS PARA OUTRAS DOENÇAS

Antes de qualquer benzimento relacionado a doença, coloque um copo com água próximo ao local em que realizará a reza. Depois, dê a água para a pessoa beber.

A benzedeira pode fazer essa reza inicial e, na sequência, identificar qual é o mal que acomete o doente e realizar uma reze específica para aquela doença. Faça um sinal da cruz e diga:

> Eu te benzo pelo nome que te puseram na pia, em nome de Deus e da Virgem Maria.
>
> Eu te benzo em nome das três pessoas da Santíssima Trindade, que Deus Nosso Senhor te cure e te acuda nas tuas necessidades.
>
> Se teu mal é quebrante, mal invejado, olhos atravessados ou qualquer outra enfermidade, se te deram no comer, no beber, no sorrir, no zombar, na tua formosura, na tua gordura, na tua postura, na tua barriga, nos teus ossos, na tua cabeça, na tua garganta, nas tuas lombrigas, nas tuas pernas.
>
> Deus Nosso Senhor há de tirar, e o anjo do Céu, para fora possa deitar; no fundo do mar, onde não ouça galinha e nem galo cantar.

Faz-se uma cruz em cima do copo e reza-se o Credo três vezes; na segunda vez reze um Pai-Nosso à Santíssima Trindade e na terceira vez uma Salve-Rainha a Nossa Senhora.

Faça essa oração por três dias seguidos.

Para caxumba

Para combater a caxumba, esta benzedura é infalível. A própria mãe ou alguém da família pode fazê-la. Deve-se comprar uma colher pequena de pau ou pegar uma colher que nunca tenha sido usada. Em seguida, coloque pó de café numa xícara. Pegue a colher e vá mexendo o pó de café, enquanto isso, vá repetindo a seguinte frase:

> Aquele que for assim marcado, da caxumba será curado.

Passar a colher em cruz, três vezes, sobre cada lado do pescoço, fazendo em cada uma das vezes o sinal da cruz.

Para constipação (resfriado)

Benzimento feito com o auxílio dos santos que regem a semana. Antes de realizá-la, veja o dia da semana que está e dedique uma oração ao santo de deste dia.

> Eu te benzo, constipação, em louvor de Deus e de São Simão. Se é constipação de Sol, eu te benzo em louvor de Deus e do Senhor Santo Maior. Se é constipação de calor, eu te benzo em louvor de Deus e de São Salvador. Se é constipação de vento, eu te benzo em nome de Deus e do Santíssimo Sacramento. Se é constipação de ar, eu te benzo em nome de Deus e de Santo Amaro. Se é constipação de ar frio com ar quente, eu te benzo em nome de Deus e de São Vicente. Se é constipação de água, eu te benzo em nome de Deus e de São Tiago. Se é constipação de água fria, eu te benzo em nome da Virgem Maria. Se é frieza, eu te benzo em nome de Deus e de Santa Teresa. Se é constipação que veio do corpo da criatura, repentina, eu te benzo em nome de Deus e de Santa Catarina. Com esta santa segunda, com esta santa terça, com esta santa quarta, com esta santa quinta, com esta santa sexta, com este santo sábado e com este santo domingo, que é santo dia em que Nossa Senhora benzeu o seu Santo filho. E se achou bom, seja servido de tirar a constipação do corpo desta criatura: da cabeça, da garganta, das costas, dos braços, do peito, da barriga, das cadeiras, das pernas, de todas as conjunturas do corpo. Onde eu ponho a minha mão, põe o Senhor a virtude que não é minha, mas de Deus e da Virgem Maria. Pai-Nosso, Ave-Maria.

Repete-se a reza por nove vezes e oferece um Pai-Nosso e uma Ave--Maria ao santo ou santa do dia.

Contra hemorragias

É evidente que, nos dias atuais, os médicos estão por todo o lado. Em caso de hemorragia súbita ou intensa é mais natural e mais seguro que se recorra a eles. Antigamente não se tinha essa facilidade, então, segue duas rezas que podem ajudar neste momento.

A primeira, reza-se mentalmente, fazendo cruzes sobre o local afetado.

> Sangue, tenha-se em si, como Jesus Cristo teve em si, sangue, tenha-se na veia, assim como Jesus esteve na ceia. Sangue, tenha-se vivo e forte, assim como Jesus se teve na morte. Amém!

Em outra reza, enquanto se diz a benzedura, a pessoa que está benzendo vai fazendo cruzes sobre a zona em que se dá a hemorragia de quem está sendo benzido. As duas rezas também podem ser feitas sozinhas, em si mesmo; escolha a que melhor intuir.

> Eu te corto devagar, como se manteiga fosse cortar. Corto uma vez. Corto duas. Corto três, até o teu sangue estancar. Chamo para ajudantes São Cosme e São Damião, e se não conseguirem a hemorragia estancar, vou chamar São Simão. E chamarei os santos que for preciso para te atalhar o corrimento. Em louvor e honra de Nossa Senhora e do seu adorado Filho, um Pai-Nosso e uma Ave-Maria para que seja nossa inteligência e nosso guia.

Para combater fístulas

Coloque as mãos em posição de oração sobre as fístulas e diga:

> Água do lado de Cristo, lavai-me, benzei-me e ajudai-me que não posso com tanta dor. A comichão e o ar, quase me levam ao inferno. Mandai-me, São Martinho, que misture água no vinho, e me limpe e purifique. Mandai-me também, senhor, o melhor azeite que houver, e uma santa mulher, que com o sinal da cruz, as rezas que souber, unte-me depois as chagas. É a ti que me ofereço, pelos males que padeço. Prometo sempre limpar com paninhos de grande alvura, a parte da minha quentura, e o farei até me curar. A Deus e à Virgem Maria. A São Cosme e São Damião, e a todos os santos que me assistem, entrego-lhes a minha gratidão.

Para combater sapinho

Causado por fungos, o sapinho pode atingir tanto os adultos como a crianças, sendo mais comuns em bebês. Trata-se de uma forma mais branda da candidíase. Para benzer contra sapinho, use três paninhos vermelhos (virgens) para limpar a boca da pessoa a ser benzida. Enquanto faz a oração, passe mel no primeiro paninho e limpe seus lábios; com o segundo paninho, limpe o céu da boca da pessoa doente, e com o terceiro paninho, limpe a língua dela.

> Sapo, sapinho, sapão. Em nome de Deus e da Virgem Maria, haverão de cair todos, não hão de ficar nenhum. De 12 a 12; de 11 a 11; de 10 a 10; de 9 a 9; de 8 a 8; de 7 a 7; de 6 a 6; de 5 a 5; de 4 a 4; de 3 a 3; de 2 a 2; de 1 a 1.

Quando terminar o benzimento atire os três paninhos em cima do telhado.

Para curar semioto (doença de macaco)

O benzedor, por três madrugadas, faz com que levem a criança doente para um gramado orvalhado. Ele deita a criança no chão e, com uma faca, sem corte, recorta a sua figura ou a sua forma na terra. Em seguida, retira a criança e, com uma enxada, revira no próprio lugar a terra recortada, dizendo:

> Que a doença fique do lado de lá, que Deus e a saúde fique conosco do lado de cá.

Repete essas palavras três vezes e reza um Credo. Para ajudar no tratamento, dá-se leite de égua à criança.

Para cortar ínguas

A pessoa que tiver uma íngua poderá, no dizer do povo simples, curá-la simplesmente olhando para uma estrela fixamente e repetindo três vezes em seguida:

> Estrela, a íngua diz que morra a estrela e viva a íngua e eu digo que morra a íngua e viva a estrela.

Ou poderá fazer os seguintes benzimentos:

Com faca sem corte: o benzedor manda que se coloque a mão do braço que está doente sobre um monte de cinza e, simulando dar golpes com uma faca, pergunta ao paciente: O que é que eu corto?

E o doente responde: Íngua.

O benzedor retruca: É isso mesmo que eu corto.

E corta pelo meio o monte de cinza sobre o qual ficou a marca da mão.

Rezar um Pai-Nosso e um Credo. Repetir o tratamento três dias seguido.

Com arruda ou alecrim: o benzedor leva o doente para fora de casa à noite, e faz com que ele aponte uma estrela. Agitando um ramo verde de arruda ou alecrim sobre a íngua, ele repete três vezes:

> Minha estrela rica e bela, esta íngua diz que morra vós e viva ela.
> Mas eu digo que viva vós e morra ela.

Rezar a seguir um Pai-Nosso e uma Ave-Maria.

Para curar a falta de vista

Faça uma oração para Santa Luzia e, segurando levemente a cabeça do doente com uma mão na parte de trás e outra em seus olhos, faça a seguinte reza.

> Santa Luzia Maravilhosa, que viveste em castidade, és o remédio copiosa, dá-me vista e claridade, deixe ter a visão das belezas que Deus criou. Atenda ao meu desejo, senhora de Deus.

Se o paciente tiver belidas (manchas na córnea), cataratas (opacidade do cristalino), carnicões (pequenas erupções causadas por um fungo) ou glaucoma (pressão intraocular alta) nos olhos, faça a seguinte oração.

> Senhora Santa Ana, Senhora Santa Maria, Senhora Santa Luzia. Todas três pelo mundo andavam. Três novelinhos de ouro traziam. Com um, urdiam. Com outro teciam. Com outro, belidas carnicões e cataratas esvaziam. Em louvor da Virgem Maria, um Pai-Nosso, uma Ave-Maria.

À medida que se vai rezando agarra-se num grãozinho de trigo, faz-se uma cruz no olho e deita-se o grão num copo de água para receber o mal que se tem no olho.

Para passar o engasgado

Dar três voltas com o prato em que a pessoa está comendo, ou, então, virar um tição de fogo de modo que a ponta queimada fique para fora. Se o engasgo for com espinha ou osso, faça a seguinte reza:

> Homem manso, mulher brava, casa aguada, esteira velha, travesseiro de abade, que esse engasgo que está na garganta, suba ou desça, em nome de Deus e da Virgem Maria e do Senhor São Brás.

Para passar o soluço

Colocar as mãos entre a cabeça da pessoa, sem tocá-la e dizer:

> Soluço tiburço, soluço que vai, soluço que vem. Soluço que vá para quem não o tem. Para quem entra no mato, São Bento na água benta. Jesus Cristo no altar. O bicho que estiver no caminho, arrede, que eu quero passar.

Para pessoa debilitada

Essa reza deve ser feita para recuperar a saúde da pessoa atendida. Coloque as mãos sobre a cabeça do doente fazendo a seguinte oração:

> Ó, meu amantíssimo Senhor, ó, Deus, permita que este enfermo goze de saúde. Ó, Senhor, ajuda-me. Por instrução do seu amado filho, socorra-me. Ó, mãe Nossa Senhora, peça por misericórdia ao seu bendito filho, para que este paciente não padeça mais desta moléstia. Amém.

Abençoa-se três vezes o doente com três raminhos de alecrim e dois de alfazema e diz-se:

> Em louvor da Virgem Maria e de Seu filho Nosso Senhor, um Pai-Nosso e uma Ave-Maria.

Encerre rezando um Pai-Nosso e uma Ave-Maria.

BENZIMENTOS PARA ANIMAIS

Os animais também se beneficiam dos benzimentos e das orações. É comprovado que tanto nos animais domésticos ou de pequeno porte quanto nos selvagens e nos de grandes portes, o reiki, a oração, o benzimento, dentre outras práticas, têm efeitos significativos. Vejamos então algumas rezas direcionadas aos animais.

Contra mau-olhado

No caso de mau-olhado, faça o sinal da cruz sobre os animais ao mesmo tempo em que diz:

> As pessoas da Santíssima Trindade querem e podem. Que de onde este mal veio, para lá ele torne. Em nome do Santíssimo Sacramento, que o teu mal saia e o bem entre. Amém!

Contra animal bravo

São estas as palavras que Deus deixou para o animal bravo:

> A quem tem perna, não alcançar, a quem tem boca não morder, a quem tem ouvido não ouvir. Em nome de Deus e da Virgem Maria. Amém!

BENZIMENTOS RELATIVOS AO AR

O elemento Ar está presente em muitas bênçãos. Temos algumas rezas para combater os males relativos ao vento ou ao ar bravo. Essas rezas costumam ser feitas quando dizem que o vento passou causando paralisia em alguma parte do corpo da pessoa:

Benzedura para os "ares"

Se a pessoa está doente, o mal pode ter vindo pelo ar. Utilizando sua fé e sua força interior, faça esta oração poderosa sobre a pessoa que necessita da cura.

> O Santíssimo Sacramento vem te visitar, para tirar do teu corpo toda a peste e do mal te livrar. Ararão sai deste corpo, deixa-o são. Ar maldito, sai deste corpo, deixa-o bendito. Se é na cabeça, t'o tire Santa Teresa, se é no coração, t'o tire S. João. Se é no corpo todo, t'o tire Jesus, que tem o poder todo. Em louvor da Virgem Maria um Pai-Nosso e uma Ave-Maria.

Após o benzimento, reze um Pai-Nosso e uma Ave-Maria.

Mal de vento

Este benzimento, assim como o anterior, requer que a benzedeira tenha bastante fé e reze a seguinte oração sobre o doente.

> Vento mau excomungado, vento maldito, vento que Nosso Senhor não deixou no mundo. Se é na cabeça, São Anastácio tira. Se é nos olhos, Santa Luzia tira. Se é no nariz, Santa Iria tira. Se é na boca, Nossa Senhora tira. Se é na orelha, São Francisco tira. Se é nos braços, Santa Cruz tira. Se é no corpo, Senhor dos Passos tira.

Após o benzimento, reze um Pai-Nosso e treze Ave-Marias.

Mal de vento excomungado ou ar brabo

Os antigos chamavam o mal de ar de "ar brabo". Siga as mesmas orientações dos benzimentos anteriores e faça essa reza sobre a pessoa a ser atendida.

> Vento maldito, vento excomungado, Nosso Senhor não te quer aqui, Nossa Senhora há de ti tirar, Nossa Senhora há de ti levar.

Após o benzimento, reze um Pai-Nosso, uma Ave-Maria e faça o sinal da cruz.

Para cortar o ar

Outra reza importante é a de cortar o ar: a pessoa se benze em forma de cruz e benze o doente três vezes também em forma de cruz e dizendo:

> Faca cortas pão, cortas carne, cortas tudo o que quiseres e o que te fizerem cortar. Corta o ar a esta pessoa, que ela não pode esperar. Eu te corto o ar da porta, corto o ar da janela, corto o ar do mar, corto o ar do cemitério, corto o ar da terra, corto todos os maus ares do mundo para que neste corpo não fique nenhum mal, nem dor, nem coisa que mal for. Pelas cinco chagas de Nosso Senhor Jesus Cristo, que foram feitas pelo seu Divino amor, este corpo se torne a compor. Em louvor da honra da Virgem Maria, um Pai-Nosso e uma Ave-Maria.

Após o benzimento, reze um Pai-Nosso e uma Ave-Maria.

CAPÍTULO 11

A Arte das Benzedeiras

A ARTE DO BENZIMENTO

Minha motivação para escrever sobre o ato e a prática dos benzimentos foi saber que pessoas maravilhosas dedicaram suas vidas a essa linda atividade de ajudar o próximo, mas, infelizmente, não iriam deixar esse legado para nenhum de seus descendentes, porque eles não demonstram interesse nem desejo de aprender a Arte de Benzer seus semelhantes.

Tendo contato com essa realidade, resolvi resgatar essa Arte, com a permissão e com todo o carinho desses seres iluminados, e passar para vocês essas belas orações, rezas e benzimentos, além de poder, também, homenagear todos eles. Gratidão a todos os seres que levaram a Arte do Benzimento adiante.

Oriento aos meus queridos leitores que leiam primeiro a todos os benzimentos e deixem sua intuição escolher aquele que mais se aproxime de seu coração mediante sua necessidade. Deixe a emoção e não a razão fazer a escolha. Procure ler mais de uma vez e se identificar com a maneira mais confortável para praticar o benzimento.

Para dar o comando da verbalização de seu desejo e aplicar o benzimento de forma correta, não deve existir dúvida ou receio, lembre-se, você tem todos os poderes divinos dentro de si, não vacile, e não duvide ao fazer suas afirmações. Creia, e tenha Fé no que está realizando.

Respire profundamente e retenha o ar por alguns instantes e, ao libertá-lo, sinta seu Deus interno realizando a transformação na sua frente. Saiba ter controle "de seus pensamentos e palavras, porque suas palavras podem curar como também destruir".

Neste capítulo, reuni diversos benzimentos praticados por benzedeiras e benzedores, dos mais variados temas, transcritos da forma que esses seres iluminados me passaram.

Lembrando que o benzedor tem linguagem própria, portanto não estranhe o linguajar e adapte as rezas conforme sua intuição. O que importa é a intenção.

BENZEDURAS PARA CURA

Benzedura para combater problemas de bexiga e urinários
(Dona Chiquinha, São José dos Campos, SP)

O benzedor deve assinalar a parte dolorida do corpo do doente com um ramo verde enquanto recita:

> Senhor, pelo especial privilégio outorgado ao beato Libório contra os males dos cálculos, das pedras e da urina, fazei que [nome] se veja livre do mal de [pronunciar o nome da moléstia] de que padece. Glorioso São Libório, interceda por nós, amém!

Rezar três Pais Nosso em honra da Santíssima Trindade. Amém!

Benzedura para bucho virado
(Dona Florinda Da Cruz, Portugal)

Para benzer de bucho virado (dor no estômago, vômitos, diarreia), Dona Florinda unta o polegar direito com azeite e vai cruzando sobre a barriga da criança e declamando:

> Com dois te botaram, com três eu te tiro, com as forças de Deus esse olhado de homem ou de mulher há de ser arretirado. Ó, meu Deus e minha Virgem Maria, há de ser arretirado esse olhado com os poderes Virgem Santíssima. Se for o bucho virado, se for o pulmão virado, com os poderes de Deus e da Virgem Maria deve ser arretirado. Amém!

Benzedura para carne quebrada
(Dona Angelina Bernardo, Lourdes, Portugal)

Diz-se que a carne está quebrada quando o corpo está dolorido, "quebrado". Para realizar este benzimento, separe linha e agulha. A pessoa a ser benzida vai dizendo e cosendo:

> Eu te coso, carne quebrada, osso trincado, nervo rendido, nervo torto, veia entupida, tudo isso eu coso com os poderes de Deus e de São Virtuoso.

Fazer o sinal da cruz com o dedo ou com um crucifixo sobre o nervo rendido ou com o pano e a agulha.

Benzedura contra cegueira Santo Albino
(Senhor Antônio Silva, Araras, SP)

O benzedor deve ter em sua mão direita um algodão molhado em água e sal e, com esse algodão, fazer o sinal da cruz, alternando entre um e outro olho e dizendo:

> Quando Jesus curava os cegos e os fazia ver de novo, a multidão o chamava de Santo Albino. Dai-me esse poder de curar a cegueira em nome de Nosso Jesus Cristo e da Santíssima Trindade. Em nome do Pai (†), do Filho (†) e do Espírito Santo (†). Amém!

Benzedura para cobreiro
(Dona Maria portuguesa, Tatuapé, SP)

Dona Maria nos explica que, de forma figurativa, ao "cuspir" de lado e "assoprar" as mãos, estaríamos botando fora tudo que é mal. Ela orienta que, após a reza, o benzedor encerre com esses atos simbólicos.

> Eu te corto, coxo. Sapo, sapão; cobra, cobrão; lagarto, lagartão e todo bicho de má nação, para que nem dobres com o rabo a cabeça santa. Santa Iria três filhas tinha; uma se assava, outra se cosia, e outra pela água ia. Ela perguntou a Nossa Senhora o que faria. Nossa Senhora disse que lhe cuspisse e assoprasse que sararia.

Rezar um Pai-Nosso e uma Ave-Maria.

BENZEDURA PARA CURAR COBREIRO
(Maria Rita, Santo André, SP)

Para curar cobreiro, enquanto benze em cruz, faz esta reza:

Na proteção do Senhor, que fez o Céu e a Terra, eu benzo cobra, cobraria. Corto cabeça, corto meio, corto cobreiro. Mal entrei em Roma, romaria, benzendo lagartixa, lagartixaria. Corto cabeça, corto meio, corto rabo, corto cobreiro. Mal entrei em Roma, romaria, benzendo sapo, saparia. Corto cabeça, corto meio, corto rabo, corto cabeça, corto cobreiro. Com os poderes de Deus e da Virgem Maria, em nome do Pai (†), do Filho (†) e do Espírito Santo (†). Amém!

BENZEDURA PARA COBREIRO COM FACA
(Cigano Ramon, Lagoa Santa, MG)

Esta benzedura se faz pondo e tirando a lâmina de uma faca afiada sobre o cobreiro.

O benzedor deve perguntar: O que corto?

E o benzido responde: cobro.

Então o benzedor segue declamando:

Cobro fogo lobo selvagem. Eu te corto a cabeça, o meio e o rabo. Que segue e não lastre mais em nome das três pessoas da Santíssima Trindade, que é Deus Pai (cruz com a faca), Filho (cruz) e Espírito Santo (cruz). Amém!

Depois de ter feito isso enterre a ponta da faca no chão de terra para descarregar a energia.

BENZEDURA PARA COBREIRO LABIAL (HERPES SIMPLES)
(Dona Maria Ritinha, Bauru, SP)

Pegue uma tesoura e, com a porta da casa aberta, segure um pedacinho de carvão vegetal em brasa e diga sete vezes seguida enquanto traça uma cruz com a tesoura sobre o local afetado:

Cobreiro, cobrão, vá embora senão te corto a cabeça, o corpo e os pés e te jogo no chão. Em nome do Pai (†), do Filho (†), e do Espírito Santo (†) amém!

Corte a ponta da brasa com a tesoura, jogando-a para fora da porta.

Benzedura para cortar o bicho (cobreiro)
(Dona Cecília, mãe da Nazaré, Portugal)

Essa benzedura é para cortar qualquer bicho que entra na pele, como o cobreiro, por exemplo. Enfia-se uma faca (de ponta redonda, sem corte e sem serra) dentro de um copo com água e firma-se o pensamento em Jesus Cristo. Depois, à medida que vai "cortando o ar" em direção a pessoa, vai molhando a faca novamente e vai aspergindo nela em cruz e dizendo:

> Eu te corto o bicho, eu te corto o sapo, eu te corto o sapão, eczema, eczemão. E que o Senhor Jesus te cure com as suas Santas Mãos. E que o Senhor São Bento, te cure com água benta.

Benzedura para cólicas e prisão de ventre
(Dona Naná, Itu, SP)

Em bebês e adultos, Dona Naná cruza o ventre do doente com um galho verde e reza:

> Terra, mar e sol. Terra que Deus escondeu. Onde está essa dor de barriga? Jesus Cristo retirou. Corre vento. Corre e cura. Com Jesus Cristo aqui na cura. Com esse vento, corre e cura. Corre na veia para ficar colocado nesta criatura [dia o nome da pessoa]. Com o nome de Deus Pai, Deus Filho e Espírito Santo, esse mal será retirado. Amém!

Benzedura para pessoa desmanchada
(Dona Cristina, SP)

Dona Cristina pede ao doente que deixe descoberta a parte afetada de seu corpo. Depois, ela passa uma linha branca em uma agulha e pega um pano branco virgem, colocando-o sobre a lesão e perguntando ao doente:

> Que eu vos coso?

Ao que o doente responde:

> Carne quebrada, veia agravada, nervo retorcido e osso rendido.

Em seguida, ela afirma ao mesmo tempo em que dá um ponto com a agulha no pano, costurando-o:

> Isso eu mesmo coso, com os poderes de Deus, da Virgem Maria e de São Frutuoso. Assim mesmo eu benzo assim mesmo eu coso.

Essa benzedura deve ser repetida três vezes, fazendo os mesmos gestos e dizendo as mesmas frases. Reza-se um Pai-Nosso, uma Ave-Maria e finda a benzedura jogando o pano, a agulha e a linha em água corrente (faça uma trouxinha protegendo a agulha e jogue em um rio).

Benzedura para tirar a dor de cabeça com a mão
(Dona Clara Pinheiro, Mauá, SP)

Colocar três folhas verdes na testa do indivíduo e repetir a oração por três vezes:

> Jesus Cristo quando andou no mundo, sentou em pedra fria, tirando a dor de cabeça, enxaqueca e maresia.

Rezar um Pai-Nosso e uma Ave-Maria.

Benzedura para tirar dor de garganta
(Maria de Fátima, Ilha da Madeira, Portugal)

Com a mão direita, quem benze deve envolver de leve a garganta do doente. Rezar enquanto benze:

> Nosso Senhor e São Martinho iam pelo mesmo caminho quando encontraram São Pedro caído no chão. – O que fazes aqui? Perguntou o Senhor. São Pedro respondeu: estou muito mal de dor de garganta. A garganta está inflamada. E Cristo disse: – Põe os cinco dedos da sua mão direita sobre sua garganta e diga em honra da Santíssima Trindade: meu mal será curado.

Depois disso, rezar três Pais Nosso e três Aves Marias.

Benzedura para erisipela
(Dona Júlia Buthikofer, Tatuapé, SP)

Com três galinhos de arruda, um chumaço de algodão e azeite, a benzedeira vai cruzando e circundando a mancha do machucado.

> Pedro e Paulo foram a Roma e na volta com Jesus se encontraram. Ele perguntou: – De onde vens Pedro e Paulo? – E eles responderam: – viemos de Roma. – Jesus perguntou: – Que notícias tens de lá? – Pedro respondeu: – Muita doença ruim, erisipela muito má. – E Jesus falou: – Volta para trás Pedro e Paulo, e vão cercar a erisipela, com três galinhos de arruda e um ganito de lã.

Repetir a reza nove vezes. O algodão é para substituir a lã. Dona Júlia molha o algodão no azeite e vai cercando a erisipela, na nona vez, ela espalha o azeite por cima da ferida e depois coloca um pouco de farinha de trigo sobre a erisipela para "puxar" a febre e vai rezando um Pai-Nosso e uma Ave-Maria. Fazer isso por três dias.

BENZEDURA PARA EPILEPSIA
(Dona Luanna, Von Alemã, Alemanha)

Para os benzedores, o padroeiro dos epiléticos é São Wolfgang, e a benzedura que segue é feita em seu nome. Tome um lenço branco, de preferência de linho, e dê uma ponta para o epilético morder. Daí, com um raminho de mato, vá fazendo o sinal da cruz, dizendo:

> Dai calma aos epiléticos, São Wolfgang, fazei como o Cristo e a ordem santa que o eterno dá para a vida do que é na Terra passageiro. Em nome do Pai (†), do Filho (†), e do Espírito Santo (†). Amém!

BENZEDURA PARA ESPETADAS COM ESPINHOS
(Tia Avó Godofredina Buthikofer, Tatuapé, SP)

Quando uma pessoa é espetada com espinhos, farpas de madeira, ou qualquer outra coisa que penetre a pele, para retirar o incômodo tem que queimar a agulha para não arruinar. Pode também esterilizar a agulha ou algo pontudo em água fervida.

> Com água fervida, tia Lola (Aurora) ou outra coisa que espeta tia (Ignez). Espinhos, se arruinar, eu te tiro do lugar sem piorar. Em nome de Deus Pai (†), do Filho (†) e do Espírito Santo (†). Amém.

Rezar um Pai-Nosso.

BENZEDURA PARA CURAR ESPINHELA CAÍDA
(Dona Tania Hernandes, Vila Matilde, SP)

Com um cordão, o benzedor mede do extremo do dedo mínimo ao extremo do cotovelo, e de um ombro ao outro do doente, coloca depois o cordão em cima da espinhela e começa a rezar segurando uma ponta do cordão enquanto o doente segura a outra, dizendo:

Deus, o Sol e a Lua nascem do mar. Mas o raio, a tempestade e todo o mau Deus abrandou. Ele subiu para o seu trono e tudo no mundo deixou. Arca, espinhela, ramo, fraqueza, agonia, aflição, tudo se elevou. Com sua graça, tudo ficou bem, tudo se levantou.

Rezar um Pai-Nosso.

Benzedura para curar feridas
(Dona Silvia da Cruz, Goiás velho, GO)

Qualquer tipo de ferida pode ser curada com esta benzedura. Faz-se o sinal da cruz sobre a ferida que se vai curar e diz:

Em nome de Deus Pai, em nome de Deus Filho, em nome do Espírito Santo, assim como foi formando o mistério da Santíssima Trindade, da mesma forma pode se curar esta ferida.

Faz-se novamente o sinal da cruz sobre a ferida e continua:

Pelos méritos de Jesus e Maria Santíssima, que seja curada essa ferida.

Rezar três Pai-Nossos em honra da Santíssima Trindade.

Benzedura contra hérnias e fraturas
(Bento da Praia, Guarapari, ES)

Munido de um longo galho verde, o benzedor deve fazer com este galho o sinal da cruz sobre a parte afetada do doente, enquanto vai rezando:

Jesus encarnou nas puríssimas entranhas da Virgem Maria e nasceu e habitou entre nós, para nos ensinar a ter a verdadeira fé. Por sua própria virtude e graça, curava todas as enfermidades e doenças dos que nele acreditavam, pois, assim como estas palavras são certas, assim também tu [nome], podes ser curado [da hérnia ou fratura]. Que padeces pela virtude e em honra das três pessoas distintas da Santíssima Trindade a quem humildemente peço a graça de que te vejas tão depressa curado, assim como Jesus de suas chagas.

Reze um Pai-Nosso e uma Ave-Maria. Amém!

Benzedura para tirar sol (insolação)
(Joaquim A. Fernandes, Ílhavo, Portugal)

Com um copo d'água sobre a cabeça do benzido, o benzedor deve girar no sentido contrário do ponteiro do relógio e dizer:

> Deus deu ao Sol muita força, e me deu o poder de tirar o excesso de sua força, que deixou a insolação neste filho de Deus.

Girar uma vez em nome do Deus Pai, segunda vez em nome do Deus Filho e a terceira e última vez em nome do Espírito Santo. Amém!

> Obs.: jogar a água do copo em água corrente, se precisar pode repetir a reza usando outro copo com água limpa.

Benzedura para tirar sol e sereno (insolação, resfriado)
(Maria Clarinha, Água Rasa, SP)

> Sol, Lua, sereno, pastos, que de Deus foste guiado, saia desta cabeça onde não foi criado.

Rezar um Pai-Nosso e uma Ave-Maria.

Benzedura para nervo torto
(Tia Avó Titina, Tatuapé, SP)

Dona Titina ensina: ferva um caneco com água. Jogue a água fervida em uma bacia. Vire o caneco de boca para baixo dentro da bacia. Em seguida, pegue uma tesoura aberta e um retrós de linha e coloque sobre o caneco. Depois, pega uma tira de pano virgem (que nunca foi lavado) e uma agulha com linha. Enrole a tira de pano no local afetado e vá costurando com a linha sem nó.

Enquanto costura, diga a seguinte oração:

> [Nome da pessoa doente], que te coso? [O doente responde]: carne aberta ou fio torto. [O benzedor diz]: se é carne aberta, torna o seu lado, se é fio torto, torna o seu posto. Com a graça de Deus e da Virgem Maria. Amém.

Se o volume da água diminuir, é porque entrou no caneco durante a oração, o que indica que a pessoa está com o nervo fora do lugar. Faça nove vezes essa oração em três dias seguidos. Use um dedal no dedo e nove feijões ou pimenta do reino para representar as nove orações rezadas. Jogue tudo dentro da bacia antes de jogar fora a água.

Reze uma Ave-Maria e um Pai-Nosso para encerrar.

Benzedura para nervo torto
(Dona Alice, S. B. Campo, SP)

Dona Alice usa um pano de qualquer cor e uma agulha com linha, também de qualquer cor, mas sem dar nó na linha no final.

Em seguida, coloca o pano em cima do nervo dolorido e vai costurando enquanto reza:

> O que coso? Carne quebrada ou nervo torto. Se for carne quebrada, torne a soldar, se for nervo torto, volte ao lugar. Em nome de Deus e de Santo Afonso (†). Amém!

Benzedura com agulha para curar terçol
(Dona Antônia de Jesus, CE)

Para benzer terçol, Dona Antônia pega uma agulha de costura e, de maneira que o seu furo fique para cima, ela benze a vista do doente, fazendo o sinal da cruz três vezes. Esse procedimento deve ser repetido durante três dias.

Faça uma oração a Santa Luzia no final.

Benzedura contra torcedura e osso quebrado
(Dona Celina Moura, Santana do Paranaíba, SP)

Dona Celina ensina que, primeiro cruza o local afetado do doente com um ramo de arruda, depois, envolve-o com uma linha como se o estivesse costurando, ao mesmo tempo em que vai rezando:

> Em nome do Pai (†), do Filho (†) e do Espírito Santo (†), o que coso eu, São Frutuoso, com os poderes de Deus e da Virgem Maria? Coso carne pisada, nervo deslocado musculo torcido, osso quebrado, senhor São Frutuoso, eu rezo esta torcedura. A São Frutuoso ofereço com os poderes de Deus e da Virgem Maria, Amém!

Benzedura contra tosse
(Dona Nenê, Fortaleza, CE)

Para esta benzedura devemos ter em mãos mel e coentro numa mistura que usamos para fazer um unguento. Depois vamos fazendo o sinal da cruz e dizendo:

> Santo Antidio, pela ordem que teve de Jesus Cristo Nosso Senhor; vai fazer parar a tosse de [nome].

No final rezamos três Pai-Nossos e três Ave-Marias. Amém!

Benzedura para tirar verrugas
(Dona Cristina Souza, Ouro Preto, MG)

Dona Cristina pede para a pessoa a ser benzida que lhe traga um punhado de sal grosso. Para cada verruga a ser retirada, três pedrinhas vão ser usadas. As pedras de sal grosso vão em cima da verruga a ser benta. Se tiver mais que uma verruga, repete-se a operação para cada uma delas, fazendo a seguinte oração:

> Deus te salve lua cheia. Lá vão dois montados num; quando voltares outra vez, passe a verruga pro pé dum.

A seguir, a pessoa que traz o sal vai jogando uma a uma as pedras no fogo, (fogão de lenha, churrasqueira, fogueira no quintal, ou até numa lareira). A cada pedra jogada, o benzido tapará os ouvidos para não ouvir o estalo do sal no fogo e o benzedor dirá:

> O sal está queimando e a verruga se acabando.

No final reza-se um Pai-Nosso e uma Ave-Maria.

Benzedura para tirar verrugas
(Dona Mariquinha, Itabira, MG)

Quando alguém aponta o céu e conta as estrelas, acaba ganhando uma verruga na ponta do dedo. E, para curar, só mesmo uma boa benzedura ensinada por Dona Mariquinha. A benzedeira se coloca muito séria diante do "verruguento" e declama:

> Verruga, verruguinha, verruga, verrugona, no pé ou na mão, onde está entranhada, com o poder de Deus e da Virgem Maria, esta verruga cairá, e de hoje em diante, nunca mais aumentará. Suma verruga. Para bem longe daqui. Amém!

Benzedura para tirar verrugas
(Senhor Cândido Brás, Matão, SP)

Seu Cândido é adepto ao ditado que diz: "não se deve comer em mesa sem toalha, porque Deus não abençoa a refeição".

O benzedor coloca o paciente numa cabeceira em frente a uma mesa sem toalha e senta na outra ponta da mesa. Com as duas mãos espalmadas sobre o tampo ele diz:

> Jesus Cristo se retirou da mesa sem toalha. Retire também essa verruga, Deus vivente, que ela caia em nome de Deus e da Virgem Maria, com os poderes do Filho e do Espírito Santo. Do nada essa verruga se formou; do nada ela sairá e nunca mais aparecerá. Amém!

BENZEDURAS PARA INVEJA, MAU-OLHADO E OLHO GORDO

Benzedura contra quebranto
(Dona Aninha, Casa Branca, MG)

Com um ramo verde, sempre benzendo a pessoa em cruz, diga:

> Deus te gerou, Deus te criou. Deus desolha, para quem com maus olhos para ti olhou [nome do fulano] se foi olhado, ou quebranto, ou ar de excomunhão, com os poderes de Deus e da Nossa Senhora Virgem Maria, serás curado.

Benzer três vezes seguido no mesmo dia.

Benzedura contra quebranto
(Dona Chiquinha, RJ)

Essa benzedura lembra o batismo, diz Dona Chiquinha, porque na ocasião do batismo, o padre faz cruzes na cabeça, nos olhos, na boca e no coração. Fazer o mesmo sinal da cruz com a ponta do polegar direito, na cabeça, nos olhos, na boca e no coração da pessoa a ser benzida.

> (Fulano) que é que tu tens, é quebranto ou é olhado grande? Por que não me dizia? Na cabeça pia, nos olhos de Santa Luzia, na boca a chave do sacrário, no coração, Santo Amaro. Com os poderes do santíssimo eu te tiro de todo os maus-olhados.

Benzedura contra quebranto
(Vovó Clothilde Buthikofer, Vila Matilde, SP)

Vovó Clotilde sempre faz o ritual do azeite (é usual fazê-lo) antes das benzeduras, ela coloca um pouquinho de azeite em uma taça, molha um dedo nele e deixa cair cinco pingos num prato com água. Se o azeite se espalha: existe quebranto. Enquanto benze a pessoa ela diz:

> Deus te remiu. Deus te criou. Deus te livre de quem para ti mal olhou. Em nome do Pai (†), do Filho (†), do Espírito Santo (†) e da Virgem do Pranto (†), tirai este quebranto.

Dizer a oração três vezes e repetir quantas vezes for necessário o ritual do azeite, até que os pingos do azeite não se desfaçam.

Benzedura para curar quebranto
(Dona Mavilha Nunes, Tatuapé, SP)

Para afastar o efeito maléfico que o mau-olhado de uma pessoa produz sobre outra, coloque a mão direita sobre o coração do doente pronunciando as seguintes palavras milagrosas:

> Jesus (†). Que o nome de Jesus me ajude (†). Que onde eu puser a mão, coloco meu Deus a sua Santa Virtude! Cristo Vive (†), Cristo Reina(†), Cristo te ilumine(†). Cristo te defenda de todo o mau ar (†). Se esta criatura tiver coisas ruins, nas areias do rio vão parar, porque eu lhe tiro pela cabeça, Santa Tereza, eu tiro-lhe pelo lado, Senhora Santa Ana, eu tiro pela frente, São Vicente, tiro-lhe por trás, São Brás. Tiro-lhe pelo fundo, Nosso Senhor, e por todo o mundo (†).

Rezar um Pai-Nosso e uma Ave-Maria.

Benzedura da avó Clothilde Buthikofer para quebranto
(Dada pela bisavó Maria Ângela, Tatuapé, SP)

Pegue um copo com água e uma colher com um pouco de azeite. Vá molhando o dedo no azeite e pingando na água para ver se tem quebranto. Faça isso sete vezes no mesmo dia. No final, jogue a água com o óleo na pia ou no vaso sanitário.

> [Nome da pessoa], em nome do Pai (†), do Filho (†) e do Espírito Santo (†), dois te puseram; três te tiram, que são: Pai (†), Filho (†) e Espírito Santo (†).

Benzedura prevenindo quebranto com figuinha
(Dona Thereza Italiana, SP)

A benzedeira faz um laço com uma fitinha de cor vermelha bem viva e prende a uma figuinha de guiné. Essa figuinha ficará presa no peito da criança com um alfinete. Com um ramo verde em mãos, ela vai cruzando o corpo da criança, recitando a seguinte oração:

> Ó, Nossa Senhora, por amor a seu filho Jesus, rogo e suplico proteger esta criança [nome], das cargas fluídicas maléficas emitidas por mentes mórbidas, por olhos invejosos que possam perturbá-la e acarretar-lhe doenças e indisposições, afetando o seu corpo ainda em desenvolvimento. Que estes objetos que coloco em seu peitinho, com a ajuda dos teus mensageiros e do seu anjo da guarda, possam aumentar o poder de suas vibrações para atraírem e dispersarem no espaço as irradiações que incidiriam em outras partes do seu corpo. Em nome do Pai (†), do Filho (†) e do Espírito Santo (†). Amém!

Benzedura da Nossa Senhora do Desterro para curar quebranto
(Dona Cidinha Preta, Matão, SP)

Comece rezando um Credo, depois, com uma tesoura aberta em cruz, vá cruzando em forma de x, do ombro direito até o pé esquerdo e do ombro esquerdo até o pé direito, na parte da frente da pessoa afetada. Em seguida, faça o mesmo nas costas da pessoa e vá dizendo:

> Que Nossa Senhora do Desterro desterre e corte todo o mal e todo o embaraço de [nome], para que tenha paz e saúde. Amém!

Rezar em seguida um Pai-Nosso e uma Ave-Maria.

Benzedura para tirar mau-olhado
(Senhor Chico Malta, Tatuí, SP)

Acenda um incenso para anular o olho gordo. Pegue um raminho de qualquer erva ou mato verde e vai fazendo o sinal da cruz no peito da criança ou do adulto, enquanto isso, diz:

> Jesus quando andou no mundo, para tudo, tudo ele rezou. Rezou para olhares de quebranto, que desta criança ou adulto arrancou. Saem varridas com galho de ervas. Amém!

Reza-se um Credo, um Pai-Nosso, uma Ave-Maria e uma Salve-Rainha.

Benzedura de quebranto ou mau-olhado
(Mãe da Dona Lucinda, "Malu", Cidade de Fátima, Portugal)

A Dona Malu, munida de um raminho de arruda, pede para a pessoa sentar na frente dela com um copo de água. Ela molha o raminho na água e vai aspergindo em cruz e rezando.

> Deus te gerou (†). Deus te criou (†). Deus que olhe o mal que te olhou (†). Dois o puseram (†), três o hão de tirar (†), que são as três pessoas da Santíssima Trindade: Pai (†), Filho (†) Espírito Santo (†), assim como eles podem e eles querem (†), este mau-olhado de onde veio, que para lá retorne (†).

Quando a pessoa vai embora, ela mesma amassa o raminho de arruda e joga no lixo.

Benzedura de quebranto ou mau-olhado
(Javert de Menezes, S. B. Campo, SP)

Com os dedos médio e indicador das mãos unidos, eu vou fazendo o sinal da cruz sobre a pessoa, ao mesmo tempo em que vou soprando e fazendo a oração. Ou posso também molhar o polegar em azeite e ir fazendo o sinal da cruz na testa da pessoa enquanto rezo. As formas de se benzer são variadas, eu costumo seguir a minha intuição para cada caso. O ato de soprar é para lembrar o sopro da vida que nos foi dado por Deus. Eu costumo soprar do lado da pessoa que está sendo benzida.

> Deus reproduziu o homem [nome] a sua imagem, semelhança e perfeição. E o abençoou com o sopro da vida [assoprar e fazer (†)]. Como sua obra (†), como filho de Deus Pai (†), eu expulso de ti este olho grande que te puseram. Saia deste corpo anjo do mau (†), e leve contigo agora e já, todo o mau que puseram em [nome]. Saia agora (†), vá de retro, filho sem luz. Em nome de Deus Pai Todo-Poderoso (†), vai-te para sempre. Em nome do Filho de Deus (†) saia de [nome]. Em nome do Espírito Santo (†). Amém!
> Rezar o Credo três vezes.

BENZEDURA DE QUEBRANTO, MAU-OLHADO, ENCOSTO
(Dona Cecília, mãe da Nazaré, Coimbra, Portugal)

A benzedeira inicia a reza benzendo a pessoa em cruz, cortando no ar com as mãos e dizendo:

> Com o nome de Deus eu te benzo, com as três pessoas da Santíssima Trindade todo mal que estiver no teu corpo, na tua casa, na tua mãe, no teu pai e em toda a sua família, saia e todo o bem entre.

Depois ela repete três vezes:

> Ó, Divino Espírito Santo, cubra-nos com o seu divino manto, assim como foi certo o menino Jesus nascer em Belém, que seja certo tirar o quebranto e o mal de olhado, a inveja, as pragas e os encosto do corpo se ele tem. Se tiver quebranto, se tiver olhado, se tiver mal de inveja, se estiver com a espinhela caída, bicha assustada, se tiver mal de ar, se tiver encosto, que Jesus venha curar, com as suas Santas mãos. Amém!

BENZEDURA PARA ACABAR COM MAU-OLHADO EM ANIMAIS
(Maria Rita do Porto, Lisboa)

Benzer três sextas-feiras (seguidas ou na mesma). Com uma vassoura pequena de piaçaba, rezar em forma de cruz. Se for um animal, rezar do rabo para a cabeça, e se for uma planta, rezar de baixo para cima, dizendo:

> Deus quando andou no mundo toda doença curou, mau-olhado e quebranto não é nada. E nada para quem te botou.

BENZEDURA PARA TIRAR MAU-OLHADO DE ANIMAIS
(Quim dos Montes, Cidade dos Montes, Portugal)

Com um ramo de alecrim, guiné ou arruda, benzer o animal dizendo:

> Benzo-te, ó, pobre animalzinho, para que saia do teu corpo todo fluido ruim ou vibrações más proveniente de mau-olhado, inveja ou ciúme que te tenham posto. Que passe para este ramo de planta abençoado, toda influência negativa que te está atormentando, seja de tristeza, de dor, angústia ou doença espiritual. Deus de infinita sabedoria e bondade, dá-me forças para que eu tire deste animal, criatura tua, toda maldade que porventura o esteja afetando em sua existência normal. Faça-o curar-se de doença ou mal-estar natural vindos de alguma coisa que comeu ou sofreu e que lhe produziu esta perturbação. Amém!

Benzedura dos aflitos de dona Cecília
(Dona Cecília, mãe da Nazaré, Portugal)

Essa benzedura pode ser feita a distância. O ideal é que a benzedeira e o benzido marquem um horário e façam juntos a seguinte reza.

> Ao mundo foi padre, o seu filho redentor, ao calvário por amor. Vai bem acompanhado, sua amada vai com ele, por ser o reino do Céu. Meu Deus e alta cruz, às costas levais a cruz, vai de rua em rua, pôr as ruas da amargura, por um cabo são paixões, por outro são repelões. Recordei, não chegais aqueles negros saiões, Ó, Maria Amparadora, subis o cruzeiro encravado na madeira, três pregos e asseios. Senhor, lá em cima está uma ermida. Que ermida será aquela? É a ermida do Espírito Santo. Nova será o senhor. Novas serão elas. É a ermida do Espírito Santo. Ó, que novas madalenas, tão amadas por mim, que me entram nos meus ouvidos, derrubam meu juízo. Ó, mulher, tendo filhos, ajudai-me a chorar com a morte de Jesus, que é seu filho natural. Vou mais para adiante, uma mulher vi estar. Vistes vós por aqui passar um filho meu, tão amado e tão querido? Esse homem por aqui passou. Um bocadinho d'água eu lhe dei, uma toalha que tinha de roda da minha cintura lhe dei para limpar seu santo rosto. Seu santo rosto na minha toalha ficou. Nossa Senhora ditosa mulher, queria ver a toalha. Assim que Nossa Senhora viu a toalha e atirou com ela para longe, vieram as três Marias. Apanharam-na. Sacudiram-na. Beijaram-na. Foram levá-la ao monte calvário. O seu amado filho estava numa cruz de pau muito alta. Tão alta seria que nem dez homens a levariam. Cada passada que davam ajoelhavam no chão, diziam: chorai, meus olhos, chorai, se vos perguntarem por quem? Diga que é para o nosso bem. Morreu Cristo Jesus, na rua de Jerusalém. Sangue do corpo sagrado corria que nem fonte. Filho meu, foi morte que vos deu, por via dos pecadores.

Quem essa oração disser sete sextas-feiras de quaresma, ou seja, por sete anos seguidos, e outras sete no dia de São Miguel Arcanjo, que é dia 29 de setembro, salvará quatro almas das penas do purgatório. A primeira será a sua, a segunda da sua mãe, a terceira de seu pai e a quarta de parentes ou a quem mais o quiser na sua casa. Amém!

Benzedura com oração forte para qualquer situação
(Dona Cecília, mãe da Nazaré, Coimbra, Portugal)

Jesus Cristo disse missa, numa grande solidão, venham, meus filhinhos, que eu vos quero confessar. Do meu corpo farei hóstias, do meu sangue real almas.

Quem essa oração disser três vezes antes de se deitar, salvará quatro almas das penas do purgatório a primeira será a sua, a segunda de sua mãe, a terceira de seu pai e a quarta de parente ou quem mais o bem quiser. Em nome do Pai (†), do Filho (†), do Espírito Santo (†). Amém!

Benzer o comércio
(Senhor Jordão, Mariana, MG)

Antes que a loja seja aberta, o benzedor deve aspergir água benta com um ramo verde sobre todos os cantos do local recitando em seguida a seguinte prece:

Ó, espírito que velas pelos negócios, dê a esta loja um dia bastante movimentando para que [nome] consiga, por meio de seu trabalho honesto, manter o capital aplicado e obter lucros, também honestos, a fim de estabilizar sua firma comercial. Livra-o da concorrência desonesta.

Que seus fregueses saiam daqui contentes e satisfeitos com as compras efetuadas. Afasta deste ambiente as forças negativas contrárias que lhe possam causar dano. Livra-o das vigarices, dos clientes espertos e dos prejuízos que possam ocorrer por circunstâncias imprevistas.

Em nome do Pai (cruz) do Filho (cruz) e do Espírito Santo (cruz). Amém!

Obs.: é importante que o primeiro freguês que entrar na loja não deixe de comprar, mesmo que para isso o comerciante, para agradá-lo, abaixe os preços das mercadorias que ele deseja adquirir.

BENZEDURA PARA CORTAR O MEDO
(Dona Jacyntha Preta, Santos, SP)

Quando a criança é medrosa, a benzedeira deve caminhar com ela e com outra pessoa (mãe, tia, vó) por três sextas-feiras seguidas. Enquanto elas vão caminhando, a benzedeira vai atrás cortando com uma faca no chão, em cruz e dizendo com fé:

O que corto?

E a outra pessoa responde: Medo!

Repetir três vezes as falas.

BENZER CONTRA COISA RUIM
(Dona Zezé, Niterói, RJ)

Essa benzedura deve ser feita fazendo o sinal da cruz em cima de cada um dos chacras da pessoa. Depois, faz-se um sinal com as mãos como se estivesse "raspando" tudo que é ruim e jogando simbolicamente ao mar.

> Deus é o sol, Deus é a lua, Deus é as três pessoas da Santíssima Trindade. Assim como essas palavras são verdades, peço que esta pessoa [nome] seja revogada pelas ondas do mar sagrado, onde não veja galo cantar nem criança chorar. Permitam Jesus do Céu, que este quebranto não volte mais neste lugar.

BENZEDURA PARA AFASTAR TODO MAL
(Dona Cecília, mãe da Nazaré, Portugal)

Nesta reza, a Dona Cecilia vai fazendo o sinal da cruz na mão direita da criança ou do adulto, na fronte dela e depois no "monte" (que é o corpo todo) da cabeça aos pés e da direita para a esquerda.

> Padre Nosso Pequenino. Jesus Cristo meu padrinho, dê-me a sua mão direita, para fazer uma cruz bem-feita, cruz na fronte, cruz no monte, que nunca o demônio nos encontre, nem de dia, nem de noite, nem ao pino do meio-dia. Já os galos pretos cantam, já os anjos se levantam, já o senhor foi para a cruz, para sempre. Amém!

Benzeduras de quebranto – rezas de família
(Dona Laurinda Fernandes Menezes, minha mãe)

Deus te viu, Deus te criou,
Deus te livre de quem para ti com mal olhou.
Em nome do pai, do Filho e do Espírito Santo,
Virgem do pranto, Quebrai este quebranto.

Eu te benzo pelo nome que te puseram na pia,
em nome de Deus e da Virgem Maria,
e das três pessoas da Santíssima Trindade, eu te benzo.
Deus nosso Senhor que te cura.
Deus que te acuda nas tuas necessidades.
Se teu mal é quebranto, mal invejado, olhos atravessados
ou qualquer outra enfermidade.
Se te deram no comer, no beber, no sorrir, no zombar,
na tua formosura, na tua gordura, na tua postura, na tua barriga,
nos teus ossos, na tua cabeça, na tua garganta,
nas tuas lombrigas, nas tuas pernas.
Que Deus Nosso Senhor que há de tirar, vem um anjo do céu e deita
no fundo do mar, onde não ouça galinha e nem galo a cantar.

Com dois puseram, com três eu tiro.
Com as três pessoas da Santíssima Trindade,
que tira quebranto e mau-olhado,
pras ondas do mar, pra nunca mais voltar.

Virgem Mãe da Conceição, Mãe do poderoso Deus
Tirai este mal, este quebranto do corpo de [nome]
Deus te fez, Deus te criou, Deus perdoa, a quem mal te olhou
Em louvor à Virgem Maria, Padre Nosso e Ave Maria.

Se estiveres com quebranto, mau olhado, feitiçaria e bruxaria,
que em nome de Deus e da Virgem Maria,
seja levado para as ondas do mar sagrado,
onde não canta o galo nem a galinha
nem chora a criancinha nem há nenhum cristão batizado.

CAPÍTULO 12

As Cores das Velas e seus Benefícios

Para agilizar os resultados de um pedido é preciso estar atento a uma série de detalhes que contribuirão com o andamento da reza a ser realizada. A unção das velas, por exemplo, deve ser rigorosamente observada: com os dedos polegar e médio e usando um óleo essencial que seja compatível com a magia desejada, unte a vela do pavio para a base, quando desejar trazer algo, e da base ao topo, quando for para afastar algo.

Na magia, as velas são usadas para aumentar o poder de um encantamento ou para influenciar um poder em particular. Elas simbolizam a transformação da vontade em energia, elevando-a ao plano astral. Prova disso é que, enquanto a vela é consumida, ela vai desaparecendo, evaporando-se, transformando-se em energia.

As velas são por vezes usadas com ervas e outros auxiliares dos encantamentos, todos apontando para um objetivo em comum. Escolha a vela que corresponde ao seu objetivo e, com seu punhal ou uma agulha, grave nela os seus desejos. Para isso, use siglas, símbolos, abreviações e tudo mais que lhe convém. Depois, use um óleo essencial apropriado para ungir velas, que pode ser o "Óleo Sagrado" ou qualquer óleo que tenha o objetivo em comum com o do encantamento. Não unte o pavio da vela.

COMO UNTAR UMA VELA

Espalhe um pouco do óleo essencial na sua mão de poder (a mão que mais usa) e esfregue a vela com movimentos circulares ou em espiral. Se desejar que alguma coisa venha até você, esfregue a vela da ponta para a base. Se desejar remover algo, esfregue da base para a ponta. Em seguida, role a vela sobre as ervas correspondentes e coloque-a finalmente no castiçal. Suspenda as mãos de forma que elas fiquem dos dois lados da vela e, mentalmente, envie seus pensamentos para ela. Depois, acenda a vela dizendo:

> Vela de poder, vela de força, cria os meus desejos aqui nesta noite.
> Poder flui do fogo desta vela. Traz-me o desejo do meu coração.
> As minhas palavras têm força, a vitória está ganha.
> Assim digo, assim seja!

O encantamento está feito. A vela não deve ser apagada. Ela deve arder até o fim. É normal que a vela evapore totalmente, mas, caso haja resíduos, retire-os com o athame (punhal) cuidadosamente e jogue-os em água corrente ou em um jardim.

As velas também podem ser utilizadas para agradecimentos em geral. Desenvolva sua criatividade com a luz que cada vela poderá lhe dar. Lembrando-se sempre de usá-las na prática do bem e da caridade.

Podemos usar as cores das velas para obter diversos resultados, como equilíbrio, concentração, saúde, paz, riqueza, curas, autoafirmação, iluminação, etc. Para isso, observe a tabela a seguir e escolha as cores de suas velas, os Arcanjos correspondentes, o dia da semana e seus benefícios. Faça as combinações que sua intuição pedir, solte a sua imaginação.

Vela	Arcanjo	Dia da semana	Benefício
Amarela	Miguel	Domingo	Reconhecimento
Branca	Gabriel	Segunda-Feira	Equilíbrio
Vermelha	Samael	Terça-Feira	Autoafirmação
Verde	Rafael	Quarta-Feira	Cura
Azul	Zadquiel	Quinta-Feira	Proteção
Rosa	Haniel	Sexta-Feira	Amor
Violeta	Orifiel	Sábado	Iluminação

CAPÍTULO 13

Ervas e Plantas Medicinais: Formas de Preparo

Fórmulas produzidas a partir de plantas *in natura* ou de plantas manipuladas são feitas há milênios. Os fitoterápicos, além de serem usados na forma natural, podem ser matrizes para preparação de tinturas, pomadas, xaropes, cosméticos, entre outros. Todas essas formas caseiras de preparo das plantas medicinais sempre fizeram parte da farmácia caseira de nossas famílias e foram indicadas pelos benzedores mais antigos. Além das formulações mais comuns aqui descritas, as plantas medicinais podem ser usadas também em inalações, banhos, escalda-pés e gargarejos.

1- CUIDADOS NA MANIPULAÇÃO DE FÓRMULAS

- Higiene nos utensílios e nas mãos.
- Usar panelas de ágata, vidro, inox, porcelana ou cerâmica. Panelas de ferro e alumínio podem produzir substâncias tóxicas como resultado da reação com algumas plantas.
- Utilizar coadores de plástico ou filtros de papel.
- Preparar pequenas quantidades de infusos, macerações, decoto e compressas. As plantas podem perder seu efeito medicamentoso depois de algumas horas.
- Xaropes, tinturas, pós e balas podem ser preparados em quantidades maiores e guardados em frascos esterilizados, secos e escuros (ou embrulhados em papel-alumínio), bem tampados e em local livre de umidade.
- Como adoçante, dê preferência ao mel.

2- CUIDADOS NO PREPARO DAS ERVAS FRESCAS

Plantas frescas, por apresentarem maior quantidade de água, têm menor quantidade de ativos e maior concentração de compostos tóxicos se comparadas às ervas secas. Atenção: 10 g de erva *seca* é diferente de 10 g de erva *fresca*! Se houver dúvidas quanto ao preparo, dê preferência às ervas secas.

3- CUIDADOS NO PREPARO DAS ERVAS SECAS

- Manter as ervas em sua embalagem original.
- A água utilizada nessas preparações deve ser filtrada ou mineral.
- Verificar a dose utilizada para cada patologia, idade, condição fisiológica de cada paciente.
- A quantidade de erva é mais importante do que a quantidade de água utilizada em seu preparo.
- Preparos quentes que contenham ervas aromáticas devem permanecer tampados até que esfriem por completo.
- As ervas podem ser variadas para que o organismo não se "acostume", evitando a redução de sua eficácia.
- As ervas secas não devem ser utilizadas por um período maior que três semanas. Caso queira prolongar o tratamento, consulte um profissional de saúde.

REFERÊNCIAS DE MEDIDAS

O sucesso do tratamento depende da escolha do método adequado. Quando se fala em uma pitada ou um punhado há muitas dúvidas ainda sobre como calcular as doses das ervas e de como usá-las. Apresentamos a seguir uma lista com as doses mais comumente utilizadas e suas equivalências em gramas. Vale ressaltar, que essas medidas é apenas uma média, podendo variar dependendo do peso específico de cada planta.

UNIDADES DOMÉSTICAS DE PESO

1 colher de café .... 800 mg para folhas/flores
Até 1,5 g para cascas e raízes
0,5 a 1,0 g para pós (colher rasa)
2 ml para líquidos (colher rasa)

1 colher de chá .... 1,5 g para folhas/ flores
Até 3 g para cascas e raízes
1 a 2 g para pós (colher rasa)
5 ml para líquidos (colher rasa)

1 colher de sobremesa............ 3 g para folhas/flores
Até 6 g para cascas e raízes
3 a 5 g para pós (colher rasa)
10 ml para líquidos (colher rasa)

1 colher de sopa .... 6 g para folhas/flores
Até 12 g para cascas e raízes
5 a 10 g para pós (colher rasa)
15 ml para líquidos (colher rasa)

EQUIVALÊNCIAS

1 colher de café: 2 ml/0,5 g
1 colher de sobremesa: 10 ml/2 g
1 cálice: 30 ml
1 xícara de chá: 150 ml

1 colher de chá: 5 ml/1 g
1 colher de sopa: 15 ml/3 g
1 xícara de café: 50 ml
1 copo americano: 150 ml

Sumo ou Suco: o suco é obtido espremendo-se o fruto, enquanto o sumo é obtido ao triturar uma planta medicinal fresca num pilão ou em liquidificadores e centrífugas domésticas. O pilão é mais usado para partes pouco suculentas. Se a planta contiver pouco líquido, deve-se acrescentar um pouco de água e triturar novamente, após uma hora de repouso, recolher o líquido liberado.

Xarope: o nome xarope é de origem árabe e é derivado de *xarab*, *sirab*, *scharab*, que significa "bebida ou suco açucarado". Os xaropes são preparações líquidas, espessas, para uso interno, que contém de 50% a 65% de açúcar. Sua densidade deve ser de 1,32 g/ml. Usar um copo do infuso ou decoto da planta e um copo de açúcar. Levar ao fogo, mexendo com colher de pau, até dar ponto. Pode ser guardado em vidro escuro, bem arrolhado. Temos que tomar cuidado na preparação dos xaropes, pois dependendo do tempo que ficar no fogo ele pode "passar do ponto" (açúcar invertido) se tornando alvo fácil do ataque de bactérias, da cristalização ou precipitação do açúcar, perdendo assim a sua finalidade.

Cataplasma ou Emplastro: preparação para uso externo. É obtido por diversas formas. Amassar as plantas frescas e bem limpas e aplicá-las diretamente sobre a parte afetada ou áreas envolvidas em um pano fino ou gaze (compressas). Reduzi-las a pó, misturá-las em água, chás ou outras preparações e aplicá-las em voltas em um pano fino sobre as partes afetadas; pode-se ainda utilizar farinha de mandioca ou de milho e água, com a planta fresca ou seca e triturada, fazendo um mingau.

Pós: utilizar a planta (folha e hastes) seca o suficiente para permitir a sua trituração com as mãos. Peneirar em seguida e conservar em frasco bem fechado ao abrigo da luz. As cascas e as raízes devem ser moídas até se transformarem em pó, que pode ser misturado ao leite ou ao mel. Ou para preparar infusões e, externamente, ser espalhado diretamente sobre o local ferido. Ou ainda misturados em óleo, vaselina ou água antes de aplicar.

Infuso e Banhos de Ervas: infuso é o "chá abafado" ou os preparos usados em "banhos", do pescoço para baixo. É uma preparação utilizada com todas as partes da planta que são ricas em componentes voláteis, aromas delicados e princípios ativos que se degradam pela ação combinada da água e do calor prolongado. Partes tenras das plantas, tais como flores, botões e folhas também podem ser utilizadas. As infusões são obtidas fervendo-se a água necessária, que é derramada sobre a planta já separada e picada em outro recipiente. Após a mistura, o recipiente permanece fechado por um tempo variável entre 5 a 10 minutos. O infuso, coado logo após o término do repouso, deve ser utilizado no mesmo dia da preparação. A quantidade de erva varia de acordo com a planta medicinal escolhida. Geralmente se usa duas colheres (sopa) de erva fresca picada, para uma xícara (chá) de água.

Ou uma colher (sopa) de erva seca picada, para uma xícara (chá) de água. Além de fornecer as substâncias terapêuticas, os chás hidratam o organismo, estimulam a eliminação de substâncias tóxicas, favorecem o controle da temperatura do corpo e auxiliam a digestão. O infuso deve ser tomado logo após a sua preparação, por isso é recomendável que seja preparado em pequenas doses. Não se deve guarda chás prontos por mais de 24 horas, pois tendem a fermentar, podendo causar problemas gástricos e intestinais.

Infuso (Chá) Decocção ou Banhos: o decoto é o "chá cozido"; são soluções extrativas obtidas da adição da água com a planta e levadas à fervura por tempo predeterminado (de 2 a 10 minutos), contado a partir do início da fervura. É muito utilizado para preparar chá com folhas duras, cascas e/ou raízes. O princípio ativo é extraído mediante o cozimento. Utilizar de 2 a 5 gramas (uma colher de chá) da planta em 200 ml de água. Ferver por 2 minutos as folhas duras, e por 7 minutos as raízes e caules. Após a fervura, manter o recipiente fechado por 10 a 15 minutos.

ERVAS E SEU USO NA PRÁTICA DO BENZIMENTO

As ervas citadas a seguir são indicadas por muitos dos benzedores em seus atendimentos diários. Vamos mencionar aqui as indicações de chás, infusos (banhos), xaropes, cataplasmas e sumos.

Abacateiro (*Persea americana*): diurética, cálculos renais, fígado, rins, bexiga. Chá e banho.

Abútua/Cóculos (*Chondrodendron platiphyllum*): cálculos renais, cólicas uterinas, fígado. Chá.

Açafrão (*Crocus sativus*): diminui cólicas em crianças, trata diarreia crônica, provoca sono, aumenta o leite durante a amamentação, alivia a azia. Auxilia a concentração. Chá e tintura.

Açoita-cavalo (*Luhea speciosa*): antidiarreico, anti-inflamatório e adstringente, tanino presente na casca, bronquite, reumatismo, leucorreia, vermes, tumores, má digestão, bexiga, melena, tosse, insônia, laringites. Chá e banho.

Ágar-ágar (*Gelidium corneum*): gelatina vegetal. Absorve as gorduras, sensação de saciedade e regula o funcionamento do intestino. Chá.

Agoniada (*Plumeria lancifolia*): inflamações de útero, ovários e menstruações difíceis. Chá.

Aipo (*Apium graveolens*): diurético, combate a artrose e a artrite e tem efeito calmante. Chá.

Alcachofra (*Cynara scolymus*): reduz o colesterol, é digestivo e hepático. Chá.

Alcaçuz (*Periandra mediterranea*): bronquite, tosse, laringite, rouquidão. Chá e xarope.

Alecrim-do-campo (*Baccharis dracunculifolia* DC.): tônico, vias respiratórias e banhos relaxantes. Chá e banho.

Alecrim (*Rosmarinus officinalis* L.): estimulante, circulatório, tônico capilar e é indicado para inalação. Chá, tintura, banho e sumo.

Alface (*Lactuca sativa* L.): narcótico, antitussígeno, catarro, asma e queixas urinárias. Tintura, chá e banho.

Alfafa (*Medicago sativa*): baixa o colesterol, osteoporose, raquitismo e é relaxante. Chá e banho.

Alfavaca (*Ocimum gratissimum*): rins, prisão de ventre, aftas, bronquite e gripes fortes. Chá e banho.

Alfazema (*Lavandula officinalis*): calmante, asma, gases, rinite e analgesia. Chá, banho e emplastos.

Algodoeiro (*Gossypium arboreum*): hemorragia uterina, regras profusas e reumatismo. Chá e cataplasma.

Alteia (*Althaea officinalis*): abcessos, acne, afta, cistite e diarreia. Chá, tintura, cataplasma, banho e sumo.

Ameixa – Folhas (*Prunus doméstica* L.): prisão de ventre, laxativo médico e azia. Chá.

Amor-do-campo (*Desmodium triflorum* DC.): afecções das vias urinárias e dos rins, e prostatite. Chá.

Andiroba (*Carapia guianenis* Aubl): cicatrizante e anti-inflamatório, reumatismo, celulite e repelente de insetos. Chá, tintura, cataplasma e banho.

Angélica (*Angelica archangelica*): cólicas, gases, digestiva, nevralgias e enxaquecas. Chá e banho.

Angico (*Piptadenia paniculata*): diarreia, disenteria e gripes. Uso externo: lavagens e gargarejos. Chá e banho.

Anis-estrelado (*Illicium verum*): relaxante, insônia e gases (crianças e adultos). Chá, xarope e banho.

Aperta-ruão (*Piper aduncum*): mau hálito, fígado, diarreia e hemorragias. Chá.

Aquileia-mil – Folhas (*Achillea millefolium*): analgésica, febrífuga, bactericida e menopausa. Chá, cataplasma e banho.

Arnica-do-Brasil (*Solidago microgrossa*): para tratar da pele e do corpo, anti-inflamatória, antimicrobiana e analgésica. Chá, tintura, cataplasma, banho e sumo.

Arnica (*Arnica montana*): anti-inflamatória, reumatismo, artrite, artrose e dores. Chá, tintura, cataplasma, banho e sumo.

Aroeira (*Schinus molle*): diurética, para dores ciáticas, contusões e icterícia. Uso externo. Chá.

Arruda (*Ruta graveolens*): amenorreia, varizes, flebites, abcessos e erisipela. Uso externo. Tintura e banho (não usar como chá).

Artemísia (*Artemisia vulgaris*): nevralgia, cólica menstrual, vermes e circulatória. Chá, tintura, banho e sumo.

Assa-peixe (*Vernonia polyanthes*): expectorante, tosse, resfriados, diurética e cicatrizante. Chá, tintura, xarope, banho e sumo.

Avenca (*Adiantum raddianum*): afecções catarrais, bronquite, tosse e laringite. Chá, xarope e banho.

Bálsamo (*Cotyledon orbiculata* L.): incontinência urinária, expectorante, emoliente, cicatrizante, digestivo e afecções da pele. Chá, xarope, tintura, sumo e banho.

Banchá (*Thea sinensis*): desintoxicante, digestivo, reduz o colesterol e é emagrecedor. Chá e banho.

Barbatimão (*Stryphnodendron barbatiman*): gastrite, úlceras, cicatrizante e lavagem íntima. Uso externo. Chá, tintura, banho e sumo.

Bardana (*Arctium lappa*): desintoxicante, depurativo, cicatrizante e reduz o colesterol. Chá, tintura, xarope, banho e sumo.

Batata-de-purga (*Convolvulus operculatus*): laxativo energético e depurativo. Chá, tintura, banho e sumo.

Bétula (*Betula alba*): gota, colesterol, triglicérides, ácido úrico e dores. Chá e banho.

Boldo (*Peumus boldus*): hepatoprotetor, fígado, pâncreas e vesícula. Chá, tintura, banho e sumo.

Buchinha-do-norte (*Luffa operculata*): Uso externo para inalação contra a sinusite. Banho.

Bugre/Porangaba (*Cordia salicifolia*): ácido úrico, gota, depurativo e emagrecedor. Chá, tintura, cataplasma, banho e sumo.

Cabreúva (*Myrocarpus frondosos*): diabetes, reumatismo, coluna, gota e contusões. Chá, cataplasma, tintura e banho.

Cacto (*Selenicereus grandiflorus*): cardiotônico, contra palpitações e síndromes cardíacas. Chá, tintura e banho.

Cajueiro (*Anacardium occidentale*): diabetes, colesterol, triglicérides e depurativo. Chá, tintura, banho e sumo.

Cálamo-aromático (*Acorus calamus*): adstringente, anticonvulsivo, antidispéptica, anti-inflamatório, antimicrobiano, calmante, digestiva, diurética, hipotensiva, relaxante e tônica. Chá, tintura, banho e sumo.

Calêndula – Flor (*Calendula officinalis*): cicatrizante, calos, verrugas, frieiras e manchas. Chá, tintura, cataplasma, banho e sumo.

Cambará (*Lantana camara*): expectorante, balsâmico, tosse e gripes. Chá, xarope, tintura, sumo e banho.

Cambuí (*Myrcia sphaerocarpa* DC): anti-hemorrágico, é usado nas vias respiratórias, antidiabético, hipoglicemiante, antisséptico e adstringente. Chá, banho e sumo.

Camomila (*Matricaria chamomilla*): relaxante, estomacal, nas cólicas das crianças e enxaqueca. Chá, tintura, banho e sumo.

Cana-do-brejo (*Costus spicatus*): diurético, anti-inflamatório, cistite e próstata. Chá, banho e sumo.

Canela-de-velho (*Miconia albicans*): tratamento natural para artrose, artrite e dores articulares. Tem sido um santo remédio para artrose. O chá de canela-de-velho é indicado para o tratamento da artrose como dores nos joelhos, dores nas articulações e dores na coluna. Chá, tintura, cataplasma, sumo e banho.

Canela (*Cinnamomum zeylanicum*): estimulante, gripes, resfriados, febres, hipotensor, digestivo, antiespasmódico e afrodisíaco. Chá, tintura, banho e sumo.

Cannabis (*Cannabis sativa*): efeito antiemético, podendo ser usado no alívio do enjoo e na depressão relacionados com o câncer. Analgésico. Reduz significativamente a pressão intraocular e o fluxo lacrimal em pacientes com glaucoma. Uso homeopático em gotas e glóbulos. Sob orientação médica.

Capim-cidrão/Erva-cidreira (*Cymbopogon citratus*): trata insônia, agonia e palpitações. Chá, tintura, banho e sumo.

Capim-santo (*Cymbopogon densiflorus*): é tranquilizante e trata dores de cabeça. Chá, tintura, banho e sumo.

Capim-rosário (*Coix lacryma-jobi* L.): depurativo das vias urinárias, reumatismos, resfriados, para aliviar menstruações dolorosas, para diminuir ácido-úrico, contra cistite, anemia, ressecamento da pele, edemas, como tônico cerebral para pessoas sonolentas e com dificuldade de concentração, para baixar a febre e para combater a rigidez articular. Chá, tintura, banho e sumo.

Carapiá (*Dorstenia brasiliensis*): afrodisíaco e irregularidades do fluxo menstrual. Chá, tintura, banho e sumo.

Cardamomo (*Eleharia cardamomum*): trata infecções nas gengivas e dentes, dores de garganta, congestão pulmonar, alivia hemorroidas e problemas urinários. Chá, tintura, banho e sumo.

Cardo-mariano (*Silybum marianum*): para o fígado com várias propriedades medicinais, como o alcoolismo, cirrose, entre outras, hepatites. Chá, tintura, banho e sumo.

Cardo-santo (*Cnicus benedictus*): febrífugo, coqueluche, asma, bronquite e tratamento estomacal. Chá, xarope, tintura, banho e sumo.

Carobinha (*Jacaranda caroba*): depurativa, antialérgica, disenteria e prostatite. Chá, tintura, banho e sumo.

Carqueja-amarga (*Baccharis trimera*): depurativa, emagrecedora, colesterol e diabetes. Chá, tintura, banho e sumo.

Carqueja-doce (*Baccharis articulata*): hepatoprotetora, digestiva, diurética e emagrecedora. Chá, tintura, banho e sumo.

Carqueja (*Baccharis trimera*): tônico estomacal que controla o apetite; é utilizada em dispepsias, anemia causada por perda de sangue. Chá, tintura, banho e sumo.

Carrapicho (*Cenchrus echinatus* L.): dores lombares, males da bexiga e rins. Chá, tintura, cataplasma, banho e sumo.

Carvalho – Casca (*Querci ilecis lignum*): depurativo, cicatrizante, interno e externo, doença da genitália feminina. Chá e banho.

Casca-d'anta (*Drimys winteri*): antianêmica, digestiva, e combate a fraqueza e os vômitos. Chá, sumo e banho.

Casca-de-laranja (*Citrus aurantium*): relaxante, digestiva e aromática. Chá, tintura, banho e sumo.

Cáscara-sagrada (*Rhamnus purshiana*): laxativa, emagrecedora, e trata a bílis e baço. Chá, tintura, banho e sumo.

Cassaú (*Aristolochia cymbifera*): (vide Cipó-mil-homens). Chá, tintura, banho e sumo.

Castanha-da-índia (*Aesculus hippocastanum*): má circulação, flebite, hemorroidas e varizes. Chá, tintura, banho e sumo.

Catinga-de-mulata (*Tanacetum vulgare*): artrite, artrose e gota. Uso externo: psoríase, piolhos. Chá, cataplasma e banho.

Catingueira (*Caesalpinia gardneriana*): depurativo e afrodisíaco. Uso externo: eczema, erisipela e impingem. Chá, tintura, banho e sumo.

Catuaba (*Erythroxylum vacciniifolium*): energético, falta de memória e afrodisíaco. Chá, tintura e banho.

Cavalinha (*Equisetum arvense* L.): diurético, ácido úrico, circulação, hipertensão e rins. Chá, tintura, banho.

Cedro (*Cedrela odorata* L.): febres altas, disenterias e fraqueza orgânica. Uso externo: dores musculares. Chá, tintura, cataplasma, banho e sumo.

Centáurea (*Centaurium erythraea*): cicatrizante, calmante, vermífuga, estimulante do suco gástrico e antipirética. Chá, tintura, cataplasma, banho e sumo.

Centela (*Centella asiatica*): celulite, gordura localizada, circulatória e câimbras. Chá, tintura e cataplasmas.

Chá-de-bugre (*Cordia salicifolia*): ajuda a cicatrizar feridas enquanto aumenta a imunidade corporal, ou seja, com o corpo mais protegido doenças virais como gripes e resfriados não se instalam facilmente. Chá, tintura e banho.

Chá-preto (*Camellia sinensis*): é estimulante, digestivo e tônico. Chá, tintura e banho.

Chá-verde (*Camellia sinensis*): reduz o colesterol ruim (LDL), acelera o metabolismo e promove a saciedade, estimula a flora intestinal, as pesquisas ainda em andamento buscam provar que atua evitando demência, mal de Alzheimer e resguardando nossa cognição. Chá, tintura e banho.

Chapéu-de-couro (*Echinodorus macrophyllus*): depurativo, colesterol, diabetes, gota e ácido úrico. Chá, tintura e banho.

Chapéu-de-napoleão – Aguaí (*Thevetia peruviana*): semente energética, Uso externo comprovado. Chá e banho.

Cipó-azougue (*Apodanthera smilacifolia*): depurativo, eczemas, feridas, furúnculos e herpes. Chá, tintura, banho e sumo.

Cipó-cabeludo (*Mikania hirsutissima*): cistite, nefrite, uretrite, não elimina a albumina. Chá, tintura, banho e sumo.

Cipó-caboclo (*Davilla rugosa,* **Poir**): orquite, hemorroidas, flebites e erisipela. Chá e banho.

Cipó-cravo (*Tynnanthus elegans,* **Miers**): estomacal, gastrite, azia e gases. Chá e banho.

Cipó-cruz/Cainca (*Chiococca brachiata*): reumatismo, diabetes, ácido úrico e inchaço. Chá, cataplasma e banho.

Cipó-cruzeiro (*Chiococca alba*): reumatismo, artrose, artrite, coluna e tendinite. Chá, tintura, banho e sumo.

Cipó-prata (*Banisteria argyrophylla*): areias e cálculos de rins e problemas na bexiga. Ameniza dores em geral. Chá e banho.

Cipó-suma (*Anchieta salutaris*): depurativo, furúnculos, acne, eczema e afecções mucosas. Chá, tintura, cataplasma e sumo.

Cipreste/Tuia (*Cupressus sempervirens* L.): disenteria, corrimento. Uso externo: feridas, úlceras, verrugas, calos. Chá, tintura, banho e sumo.

Citronela (*Cymbopogon nardus*): repelente de insetos. Banho e tintura.

Coentro (*Coriandrum sativum*): elimina gorduras saturadas. Chá, tintura, banho e sumo.

Cominho (*Cuminum cyminum)*: combate gases, é diurético e incentiva a menstruação. Chá, tintura, banho e sumo.

Confrei (*Symphytum peregrinum* Ldeb): cicatrizante, analgésica e anti-inflamatória. Chá, tintura, banho e sumo.

Contas-de-lágrima (*Coix lacryma*): diurética, via urinária e bexiga. Chá, tintura, banho e sumo.

Copaíba (*Copaifera langsdorffii* Desf): cicatrizante e anti-inflamatória. Combate sinusite, bronquite, inflamações nas vias urinárias e respiratórias. Chá, tintura, xarope, banho e sumo.

Cordão-de-frade (*Leonotis nepetifolia*): febre reumática, dores musculares e circulação. Chá, tintura, cataplasma, banho e sumo.

Coronha – Olho-de-boi (*Dioclea violacea*): tônico e calmante dos nervos, antiepilético, também usado em casos de insônia. Uso externo: sementes energéticas para hipertensão. Chá, tintura, banho e sumo.

Crataegos (*Crataegus oxyacantha*): taquicardia, angina pectoris, hipotensor e antiestresse. Chá, tintura e banho.

Cravo-da-índia (*Caryophyllus aromaticus*): tratamento de dor de dentes, inflamações, tosse, gases intestinais, bronquite e é hipnótico. Chá, tintura e banho.

Cúrcuma (*Curcuma longa*): controla colesterol, artrite, tendinite, machucados em geral, fígado, vias urinárias, icterícia e bronquite. Chá, tintura, banho e sumo.

Damiana (*Echinacea angustifolia*): incontinência urinária, impotência, tônico e estimulante. Chá e banho.

Dente-de-leão (*Taraxacum officinale*): depurativo, desintoxicante e laxante brando. Chá e banho.

Douradinha (*Waltheria douradinha*): diurética, depurativa, afecções cutâneas e ácido úrico. Chá, tintura, banho e sumo.

Éfedra (*Ephedra sinica*): bronquite, asma, pulmão e tosse seca. Chá, xarope, tintura, banho e sumo.

Emburana (*Torresea cearensis*): resfriados, pulmão, gargantas e intestinos. Chá, tintura e banho.

Endro/Dill (*Anethum graveolens*): cólicas, calmante leve, aumenta o leite materno. Chá e banho.

Equinácea (*Echinacea angustifolia*): gripes, resfriados alergias e baixa imunidade. Chá, tintura, banho e sumo.

Erva-baleeira (*Cordia curassavica*): reumatismo, artrite, artrose e dores musculares. Chá, tintura, banho e sumo.

Erva-cidreira (*Melissa officinalis* L.): calmante, relaxante muscular e sonífero. Chá, tintura, banho e sumo.

Erva-de-bicho (*Polygonum aquifolium*): tratamento de hemorroidas e úlceras, varizes, uso interno/externo. Chá, tintura, banho e sumo.

Erva-de-passarinho (*Struthanthus marginatus*): moléstias pulmonares. Uso externo: eczemas e sarna. Chá, xarope, tintura, banho e sumo.

Erva-de-santa-maria (*Chenopodium ambrosioides*): vermífuga, parasitas intestinais, laxativo e problemas dos olhos. Chá, tintura, banho e sumo.

Erva-de-são-joão/Mentrasto (*Ageratum conyzoides*): antidepressivo, males da menopausa, dores musculares, colites e cólica menstrual. Chá, tintura, banho e sumo.

Erva-doce (*Pimpinella anisum*): gases intestinais, cólicas e estimulante. Chá, tintura, banho e sumo.

Erva-tostão/pega-pinto (*Boerhavia diffusa* L.): afecções urinárias, fígado e baço. Chá, tintura, banho e sumo.

Escamônea (*Convolvulus scammonea* L.): desintoxicante, antidepressiva e antimalárica. Chá e banho.

Espada-de-são-jorge (*Sanseviera trifasciata*): contra a inveja, maledicência de terceiros e limpeza de ambientes. Banhos e decoração.

Espinheira-santa (*Maytenus ilicifolia*): gastrite, úlcera e calmante das paredes estomacais. Chá, banho e sumo.

Estigma-de-milho (*Zea mays*): hidratante dos rins e cólica renal. Chá, tintura e banho.

Estragão (*Artemisia dracunculus*): vermífugo natural, cólicas menstruais e infantis, repelente, lavagem de ferimentos e tônico digestivo. Chá, tintura e banho.

Eucalipto (*Eucalyptus globulus*): desinfetante das vias respiratórias e balsâmico. Chá e banho.

Fedegoso (*Cassia occidentalis*): laxante e depurativo. Uso externo: afecções da pele. Chá, banho e sumo.

Fel-da-terra (*Centaurium erythraea* **Rafn.**): tônico estomacal e digestivo. inapetência, febre alta e hepatite. Chá, tintura e banho.

Feno-grego (*Trigonella foenum-graecum* L.): diabetes, digestivo e laxante brando. Chá, tintura e banho.

Fitolaca (*Phytolacca decandra* L.): laxante leve, reumático e inflamatório. Chá e banho.

Flor-de-são-joão (*Pyrostegia venusta*): vitiligo. Chá, tintura, banho e sumo.

Frângula (*Rhamnus frangula* L.): laxante e hemorroidas. Chá, tintura e banho.

Fucus (*Fucus vesiculosus*): disfunções da tireoide, vesícula e obesidade. Chá, tintura e banho.

Funcho (*Foeniculum vulgare*): gases, digestivo e relaxante. Chá, tintura, banho e sumo.

Garra-do-diabo (*Harpagophytum procumbens*): reumatismo sanguíneo, esporão, gota e é desintoxicante. Chá, tintura, banho e sumo.

Genciana (*Gentiana lutea*): fraqueza orgânica, anemia e tônico estimulante de apetite. Chá, tintura, banho e sumo.

Gengibre (*Zingiber officinale*): asma, bronquite, rouquidão e colesterol. Chá, tintura, cataplasma, banho e sumo.

Gervão (*Stachytarphetta cayennensis*): tônico estomacal, fígado, pâncreas e depurativo. Chá, banho e sumo.

Ginkgo biloba (*Ginkgo biloba* L.): atua nos radicais livres. Oxigenação cerebral. Chá, tintura e sumo.

Ginseng-brasileiro (*Pfaffia paniculata*): energético, colesterol e diabetes. Chá, tintura e sumo.

Goiabeira (*Psidium guajava* L.): combate a diarreia e afecções da garganta. Chá, banho, tintura e sumo.

Graviola (*Anona muricata* L.): diabetes, colesterol e emagrecimento. Chá, tintura, xarope, banho e sumo.

Grindélia (*Grindelia robusta*): afecções respiratórias, gases intestinais e cólicas. Chá, xarope, tintura, banho e sumo.

Guaçatonga (*Casearia sylvestris*): gastrite, úlcera, depurativo, cicatrizante e herpes. Chá, tintura, banho e sumo.

Guaco (*Mikania cordifolia*): expectorante, tosse, bronquite e resfriados. Chá, xarope, tintura, banho e sumo.

Guaraná (*Paullinia cupana*): estimulante físico e mental. Chá, tintura, xarope, banho e sumo.

Guiné (*Petiveria alliacea*): anti-inflamatória e depurativa do sangue. Chá, tintura, banho e sumo.

Hamamelis (*Hamamelis virginiana*): favorece a circulação, varizes, trombose e hemorroidas. Chá, tintura, banho e sumo.

Hibisco (*Hibiscus rosa-sinensis* L.): antifebril, digestivo, relaxante e obesidade. Chá, tintura, banho e sumo.

Hipérico (*Hypericum perforatum* L.): antidepressivo e sedativo. Chá e tintura.

Hortelã (*Mentha rotundifolia*): espasmos, náuseas, azia, relaxante e dispepsia nervosa. Chá, tintura, xarope, banho e sumo.

Imburana (*Amburana cearensis*): balsâmica das vias respiratórias e colites. Chá, tintura, banho e sumo.

Imburana: sementes (*Amburana cearensis*): tônico, gastrite, tosse, expectorante e asma. Chá, tintura, banho e sumo.

Ipê-roxo/Pau-d'arco (*Tabebuia impetiginosa*): arteriosclerose, fortifica o sangue e úlceras. Chá, tintura, banho e sumo.

Ipecacuanha (*Psychotria ipecacuanha*): disenteria, catarros do pulmão, bexiga e garganta. Chá, tintura, xarope, banho e sumo.

Jaborandi (*Pilocarpus jaborandi* **Holmes**): tônico capilar e caspa. Chá, tintura e banho.

Jambolão (*Syzygium jambolanum*): eficaz no tratamento do diabetes. Chá, tintura, banho e sumo.

Japecanga (*Smilax brasiliensis*): depurativo, doenças venéreas, sífilis, gonorreias e reumatismos. Chá, tintura, banho e sumo.

Jarrinha (*Aristolochia cymbifera*): nevralgias, dores musculares e artríticas, e é estimulante. Chá, tintura, banho e sumo.

Jasmim-arábico (*Jasminum sambac*): estimulante e antidepressivo. Chá, tintura, banho e sumo.

Jasmim-da-china (*Jasminum pubescens*): digestivo e gástrico. Chá e banho.

Jasmim – Flor (*Jasminum nitidum*): relaxante, digestivo e insônia. Chá, tintura, banho e sumo.

Jasmim – Folhas (*Plumeria rubra*): digestivo, alcoolismo, cardiotônico e circulatório. Chá, tintura, banho e sumo.

Jatobá (*Hymenaea courbaril* L.): balsâmico, bronquite, laringite e orquite. Chá, tintura, xarope, banho e sumo.

Jequitibá (*Cariniana legalis*): gargarejos, aftas, angina e amigdalites. Uso externo. Chá, tintura, banho e sumo.

João-da-costa (*Echites peltatus*): calores da menopausa, trata o útero e os ovários. Chá, tintura, banho e sumo.

Juá (*Ziziphus joazeiro*): saponáceo natural e anticaspa. Uso externo. Chá, tintura, banho e sumo.

Jurema-preta (*Mimosa tenuiflora*): feridas, cancros, úlceras e erisipelas. Uso externo. Tintura, banho e sumo.

Jurubeba (*Solanum paniculatum*): hepatoprotetor, vesícula, pâncreas, baço e intestinos. Chá, tintura e banho.

Laranjeira (*Citrus sinensis*): sono e tensões nervosas. Chá, tintura, xarope, banho e sumo.

Lavanda (*Lavandula angustifolia*): calmante e analgésica; combate asma, gases e rinite. Chá, tintura, banho e sumo.

Mastruço (*Coronopus didymus*): vias aéreas, tosse e resfriados. Chá, tintura, xarope, banho e sumo.

Mentruz (*Chenopodium ambrosioides*) ou Erva-de-santa-maria (*Dysphania ambrosioides*): parasitas e vermes, além de tratar a amenorreia, cólicas estomacais e flatulências é eficiente auxiliar no tratamento de malária. Anti-inflamatórias, vermífugas, expectorantes, cicatrizantes, sedativas, aromáticas, digestivas, abortivas, antimicrobianas, antifúngicas e antivirais. Constituída de grandes quantias de cálcio, fósforo, ferro, potássio, zinco. Chá, tintura, xarope, banho e sumo.

Levante (*Mentha spicata*): febres, congestão nasal e expectorante. Chá, tintura, banho e sumo.

Limão-bravo (*Siparuna apiosyce*): friagem, tosse, bronquite e resfriados. Chá, tintura, xarope, banho e sumo.

Linhaça – semente (*Linum usitatissimum*): laxante brando e gases intestinais. Chá, tintura, cataplasma, banho e sumo.

Lobeira (*Solanum lycocarpum*): desinfetante das vias respiratórias e tabagismo. Chá, tintura, banho e sumo.

Losna (*Artemisia absinthium*): falta de apetite, diabetes, fígado, pâncreas, bílis e mau hálito. Chá, tintura, banho e sumo.

Lótus (*Nelumbo nucifera*): emoliente catarral, rinite e laringite. Chá, tintura, banho e sumo.

Louro (*Laurus nobilis*): amenorreia, nevralgia, cólica estomacal e menstrual. Chá, tintura, xarope, banho e sumo.

Lúpulo (*Humulus lupulos*): calmante e insônia crônica. Chá, tintura, banho e sumo.

Maçã (*Malus domestica*): relaxante e debilidade estomacal. Chá, tintura, banho e sumo.

Macela (*Chamaemelum nobile*): antidiarreica, fígado, pâncreas, colite e vesícula. Chá, tintura, banho e sumo.

Malva-branca (*Malva carpinifolia*): gengivite, garganta, abcessos e desinfetantes. Chá, tintura, banho e sumo.

Malva (*Malva sylvestris*): dermatites e furúnculos. Chá, tintura, banho e sumo.

Mama-cadela (*Brosimum gaudichaudii*): vitiligo. Chá, tintura, banho e sumo.

Mamica-de-cadela (*Zanthoxylum subserratum*): dores de dente e ouvido, e vitiligo. Uso interno e externo. Chá, tintura, banho e sumo.

Manacá (*Brunfelsia hopeana*): câimbras e cólicas menstruais. Chá, tintura, xarope, banho e sumo.

Mandacaru (*Cereus giganteus*): doenças do coração. Chá, tintura, cataplasma, banho e sumo.

Manjericão (*Ocimum basilicum*): anti-inflamatório, garganta, digestivo e tosse. Chá, tintura, banho e sumo.

Manjerona (*Origanum majorana*): combate insônia, gripes, resfriados gases e cólicas menstruais. Chá, tintura, banho e sumo.

Maracujá (*Passiflora alata / Passiflora edulis*): calmante, sedativo leve, insônia e alcoolismo. Chá, tintura, banho e sumo.

Marapuama (*Ptychopetalum uncinatum*): tônico dos nervos, afrodisíaco e impotência sexual. Chá, tintura, banho e sumo.

Mate verde/Mate – torrado (*Ilex paraguariensis*): tônico cerebral, estimulante, digestivo, diurético. Chá, tintura e banho.

Melão-de-são-caetano (*Momordica charantia*): regulariza o fluxo menstrual. Uso externo: piolhos. Chá, tintura, banho e sumo.

Melissa/Erva-cidreira (*Melissa officinalis*): cardiotônica, calmante e gastrite crônica. Chá, tintura, banho e sumo.

Menta (*Mentha sp.*): digestivo, espasmódico e cálculos biliares. Chá, tintura, banho e sumo.

Mil-homens (*Aristolochia triangularis*): afecções das vias urinárias, prostatite e diurético. Chá, tintura, banho e sumo.

Mirra (*Commiphora myrrha*): gengivas e garganta. Chá, tintura, banho e sumo.

Mulungu (*Erythrina mulungu*): sedativo, insônia crônica, alcoolismo e asma. Chá, tintura, banho e sumo.

Munha (*Minthostachys mollis*): analgésica, antisséptica, broncodilatadora, expectorante e silencia a tosse. Laxante. Regula a menstruação. Chá, tintura, banho e sumo.

Mutamba (*Guazuma ulmifolia*): afecções do couro cabeludo e queda de cabelo. Uso externo. Chá, tintura, banho e sumo.

Nó-de-cachorro (*Heteropteris aphrodisiaca*): estimulante geral e afrodisíaco. Chá, tintura, banho e sumo.

Nogueira (*Juglans regia*): trata útero, bexiga e inflamação dos ovários. Chá, tintura, banho e sumo.

Noz-de-cola (*Cola nitida*): debilidade física, mental e sexual, e estimulante. Chá, xarope, tintura, sumo e banho.

Noz-moscada (*Myristica bicuhyba*): estomacal, cólicas, arrotos, soluços e hipertensão. Chá, tintura, banho e sumo.

Oliveira (*Olea europaea*): regula os intestinos e a pressão arterial. Chá, tintura, banho e sumo.

Orégano (*Origanum vulgare*): sedativo, combate gases, reumatismo e tosse. Chá, xarope, tintura, sumo e banho.

Pacová (*Renealmia exaltata*): vermífugo, tratamento gástrico e estomacal. Chá, tintura, banho e sumo.

Panaceia (*Solanum cernuum*): depurativo, afecções de pele, sífilis e diurético. Chá, tintura, banho e sumo.

Parietária (*Parietaria officinalis*): cálculos renais e retenção urinária. Chá, tintura, banho e sumo.

Pariparoba (*Piper peltatum*): fígado, vesícula, baço, gastralgia e azia. Chá, tintura, banho e sumo.

Parreira-brava (*Chondrodendron platyphyllum*): males do fígado e digestão, reumatismo e cólicas. Chá, tintura, banho e sumo.

Pata-de-vaca (*Bauhinia forficata*): diabetes, depurativa e diurética. Chá, tintura, banho e sumo.

Pau-ferro (*Apuleia ferrea*): diabetes e diminuição do volume da urina e da sede. Chá, tintura, banho e sumo.

Pau-pereira (*Geissospermum laeve*): digestão difícil, estomacal e prisão de ventre. Chá, tintura, banho e sumo.

Pau-tenente (*Quassia officinalis*): hepatoprotetora, oxiúro e diabetes. Chá, tintura, banho e sumo.

Pedra-ume-caá (*Myrcia sphaerocarpa*): insulina vegetal, eficaz no diabetes. Chá, tintura, banho e sumo.

Peroba (*Leptolobium elegans*): trata a epilepsia, histeria, asma e coqueluche. Chá, tintura, banho e sumo.

Picão-branco (*Galinsoga parviflora*): cicatrizante e anti-inflamatório. Chá, tintura, banho e sumo.

Picão/picão-preto (*Bidens pilosa*): icterícia, hepatite, boca amarga e alergias. Uso interno e externo. Chá, tintura, banho e sumo.

Picão-roxo (*Ageratum conyzoides*): alergias, amigdalites, asma e problemas relacionados a boca. Chá, tintura, banho e sumo.

Pimenta-de-macaco (*Piper aduncum* L.): digestiva e afrodisíaca. Chá, tintura, banho e sumo.

Pimentão (*Capsicum annuum* L.): antidisentérica, anti-inflamatória e aperiente. Chá, tintura, banho e sumo.

Pindaíba (*Xylopia aromatica*): carminativo, diurético, tônico e afrodisíaco. Indicações: eliminar gases, melhorar a digestão, vermes e febre. Chá, tintura, banho e sumo.

Pitanga (*Eugenia uniflora*): febre, ácido úrico, diabetes e colesterol. Chá, tintura, banho e sumo.

Pixuri (*Licaria puchury major*): usado para paralisias e derrames. Uso externo para picada de inseto. Chá, tintura, banho e sumo.

Poejo (*Mentha pulegium*): expectorante, gripes, resfriados, tosse crônica e asma. Chá, tintura, banho e sumo.

Porangaba / Chá de bugre (*Cordia salicifolia*): emagrecedor. Chá, tintura, banho e sumo.

Psilium (*Plantago psyllium* L.): laxante natural. Chá, tintura, banho e sumo.

Pulmonária (*Pulmonaria officinalis*): trata pneumonia, tuberculose e enfisema pulmonar. Chá, xarope, tintura, sumo e banho.

Pulsatila (*Anemona pulsatilla*): corrige o fluxo menstrual, cólicas. Chá, tintura, banho e sumo.

Quebra-pedra (*Phyllanthus niruri*): cálculos renais, dores lombares, próstata e cistite. Chá, tintura, banho e sumo.

Quina-amarela (*Cinchona calisaya*): tônico e em casos de anemia. Chá, tintura, banho e sumo.

Quinaquina (*Coutaerea hexandra*): tônico amargo, malária e reumatismos, hepatoprotetora e antidiabética. Uso externo: queda de cabelo. Chá, tintura, banho e sumo.

Quixaba (*Sideroxylon obtusifolium*): cistos de ovário, inflamações no útero e corrimento. Chá, tintura, banho e sumo.

Raspa-de-juá (*Ziziphus joazeiro*): tônico capilar. Chá, tintura, banho e sumo.

Romã – Casca (*Punica granatum*): afecções da laringe, faringe, cicatrizante. Chá, tintura, banho e sumo.

Rosa-branca (*Rosa Alba* L.): inflamações uterinas e rins. Uso externo: banhos. Chá, tintura, banho e sumo.

Rosa-damascena (*Rosa centifolia*): tratamento de asma, hipertensão arterial, tensão, diarreia, tosse e frio, indigestão. Chá, tintura, banho e sumo.

Rosa-vermelha (*Rosa gallica*): trata mucosas, olhos e úlceras. Uso externo. Chá, tintura, banho e sumo.

Rosela – Hibiscus (*Hibiscus sabdariffa*): digestiva, emagrece e diminui o colesterol. Chá, tintura, banho e sumo.

Rubim (*Leonurus sibiricus* L.): ácido úrico, reumatismo e anti-hemorrágico. Chá, tintura, banho e sumo.

Ruibarbo (*Rheum tanguticum*): vermífugo, laxativo e adstringente. Chá, tintura, banho e sumo.

Sabugueiro – flor (*Sambucus nigra*): febre, resfriados, catapora, sarampo e escarlatina. Chá, tintura, banho e sumo.

Salgueiro-branco (*Salix alba*): problemas gastrointestinais – úlceras, gastrite, refluxo e colite. Chá, tintura, banho e sumo.

Salsaparrilha (*Smilax papyracea*): altamente depurativo, colesterol, ácido úrico e acne. Chá, tintura, banho e sumo.

Sálvia (*Salvia officinalis*): tônico mental, digestivo eficaz e males da menopausa. Chá, tintura, banho e sumo.

Samambaia (*Dryopteris filix-mas*): dores reumáticas, artrite e gripes fortes. Chá, tintura, banho e sumo.

Sapé (*Imperata brasiliensis*): retenção urinária e fígado. Uso externo: dentição de neném. Chá, tintura, banho e sumo.

Sassafrás (*Sassafras albidum*): depurativo, dores artríticas e inchações. Chá, tintura, banho e sumo.

Sene – folhas (*Cassia acutifolia*): folículos: laxativo, regulador intestinal e obesidade. Chá, tintura, banho e sumo.

Sete-sangrias (*Cuphea carthagenensis*): depurativo, hipotensor e colesterol. Chá, tintura, banho e sumo.

Stévia (*Stevia rebaudiana*): trezentas vezes mais doce que o açúcar, para diabéticos. Chá, tintura, banho e sumo.

Sucupira (*Bowdichea virgilioides*): sementes: reumatismo agudo, osteoporose e laringe. Chá, tintura, banho e sumo.

Sucupira-branca / Fava-de-santo-inácio (*Pterodon emarginatus*): icterícia, hepatite e purgante. Chá, tintura, banho e sumo.

Taiuiá – abobrinha-do-mato, cabeça-de-negro (*Lobelia inflata*): psoríase, erisipela. Chá, tintura, banho e sumo.

Tanchagem (*Plantago major*): gargarejos, gengivites e purifica o sangue. Chá, tintura, banho e sumo.

Tília (*Tilia cordata*): antidepressivo, espasmódico e calmante. Chá, tintura, banho e sumo.

Tomilho (*Thymus vulgaris*): tônico estomacal e desinfetante das vias respiratórias. Chá, tintura, banho e sumo.

Umbaúba (*Cecropia glaziovi*): diabetes, bronquite e tosse. Chá, xarope, tintura, banho e sumo.

Unha-de-gato (*Uncharia tomentosa*): depurativa, febres altas, reumatismo, tumores e convalescência. Chá, tintura, banho e sumo.

Unha-de-vaca (*Bauhinia forficata*): diurética, diabetes e depurativa. Chá, tintura, banho e sumo.

Urtiga (*Urtiga dioica*): menstruação irregular. Uso externo: irritações e corrimentos. Chá, tintura, banho e sumo.

Urucum (*Bixa orellana*): anemia, cardiotônica e colesterol. Uso externo: bronzeador natural. Chá, tintura, banho e sumo.

Uva-ursi (*Arctostaphylos uva-ursi L.*): ácido úrico e próstata. Chá, tintura, banho e sumo.

Valeriana (*Valeriana officinalis*): calmante, insônia crônica, estresse e labirintite. Chá, tintura, banho e sumo.

Velame-do-campo (*Croton campestris*): escrofulose, gânglios, eczemas e depurativa. Chá, tintura, banho e sumo.

Verbasco (*Verbascum densiflorum*): bronquite, catarros crônicos, artrite e hemorroidas. Chá, tintura, banho e sumo.

Verbena (*Verbena officinalis*): hepatoprotetora, enxaqueca, digestiva e relaxante. Chá, tintura, banho e sumo.

Zedoária (*Curcuma zedoaria*): gastralgias, estomatites, úlceras e mau hálito. Chá, tintura, banho e sumo.

Zimbro (*Juniperus communis*): antisséptico das vias urinárias, cálculos renais e febres. Chá, tintura, banho e sumo.

Conclusão

Escrever uma conclusão parece estar pondo um ponto-final em alguma coisa que já está terminada e acabada, mas aqui não se encerra, ao contrário disso, é aqui que começa a reflexão.

Vivemos em um país em que as pessoas não valorizam a cultura de sua origem e perdem a memória de seus hábitos e tradições por estarem conectados somente ao novo, mas esquecem de que o novo traz consigo informações e memórias. No século passado, aprendemos que vivíamos num país de população jovem e de poucos idosos, e não se acreditava que esses jovens ficariam idosos tão rápido. Jovens que foram crescendo e deixando o passado de lado, desprezando tudo que era velho, hoje são velhos sem educação e sem valores culturais. Então, deixo aqui esse material que, com a ajuda da ciência, podemos provar ser uma arte; a Arte de manipular energias por meio da força do pensamento e da palavra.

A Arte do Benzimento não deve ser mais vista com preconceito e restrições por aqueles que vêm negando seu próprio passado. Passado este que é, na verdade, o nosso presente, o nosso hoje e o nosso amanhã. Vamos evoluir e mudar os conceitos de viver.

A palavra pode criar, mas também destruir!
Javert de Menezes, 18/11/2016.

Bibliografia

AZEVEDO, Téo. *Plantas medicinais e benzeduras*. São Paulo: Top Livros, 1981.

BLOCH, Douglas. *Palavras que curam*. São Paulo: Cultrix/Pensamento, 1988.

CAMPOS, Eduardo. *Medicina popular do Nordeste*. Rio de Janeiro: O Cruzeiro, 1967.

CHOPRA, Deepak. *A cura quântica*. Rio de Janeiro: Best Seller, 1989.

COTTERELL, Maurice. *Ciência do futuro – A ciência proibida do século XXI*. São Paulo: Editora Madras, 2011.

EINSTEIN, Albert. *The meaning of relativity*. 5. ed. Princeton, NJ: Princeton University Press, 1996.

EMOTO, Masaru. *As mensagens da água*. São Paulo: Isis, 2004.

GARJAJEV, Pjotr. *Vemetzte Intelligenz*. URSS: Ômega, 2011.

GORDON, Richard. *Toque quântico – O poder de curar*. São Paulo: Madras, 2016.

GRAZYNA, Fosar Franz Bludorf. *Vernetzte Intelligenz*. Die Natur Geht Online. 2016.

HAWKING, Stephen. *O universo numa casca de noz*. São Paulo: Mandarim, 2001.

HERRIOTT, Alain. *Aumento da potência do toque quântico – Técnicas avançadas*. Editora Madras, São Paulo, 2014.

KILLINABOY, Paul. *Rituais de magia com velas*. São Paulo: Editora Malteses, 1987.

LEADBEATER, C W. *Os chacras*. São Paulo: Pensamento/Cultrix, 1978.

MELO, Jacob. *Cure-se e cure pelos passes*. São Paulo: Martin Claret, 2001.

MENEZES, Javert. *Arquivos e entrevistas de benzimentos*. São Paulo: Particular, 1980.

RAMOS, N. *Receitas de feitiços e encantos Afro-brasileiros*. Rio de Janeiro: Pallas, 1985.

WALD, Robert. *General relativity*. Chicago: University of Chicago Press, 1984.